LA BIBLE
POUR BIEN GÉRER SON TEMPS

esf EDITEUR

L'essentiel du Management

Directeur : Pierre-Olivier Bonfillon
Directrice éditoriale : Françoise Kerlo
Responsable d'édition : Virginie Hamelin assistée de Violaine Savatier
Chef de fabrication : Flora Bellanger
Mise en page : Maryse Claisse

Illustrations : Rachid Maraï

ISBN : 978-2-8104-1866-4
Dépôt légal : octobre 2016
Imprimé en Pologne par Dimograf

L'essentiel du
Management

Véritable coach au quotidien, cette collection de guides pratiques vous accompagne à chaque étape de votre évolution professionnelle, et vous donne les clés pour gérer au mieux votre carrière, quelles que soient vos problématiques : efficacité personnelle, management, techniques professionnelles.

Fidèle à l'esprit du magazine *Management*, elle se veut facile d'accès et très opérationnelle.

Dans chaque ouvrage, vous trouverez :

- des apports méthodologiques synthétiques dont les points clés sont repérables d'un seul coup d'œil ;
- des conseils pratiques et des témoignages ;
- des exercices pour vous entraîner : quiz, mises en situation, autoévaluations... étayés de commentaires afin de progresser.

\+ DES COMPLÉMENTS À TÉLÉCHARGER

Forte de 10 ans d'expertise, la collection évolue ! Plus moderne, elle s'enrichit d'un volet numérique qui vous donne accès à de nouveaux contenus.

Téléch@rgez des outils complémentaires et des contenus inédits à l'adresse suivante : www.capital.fr/management-outils

Avec les contributions de :

Éric Alonso accompagne depuis 15 ans les comités de direction et les managers dans la définition de leurs systèmes de pilotage et d'animation de leurs équipes ; il est co-auteur de *Déléguez en toute sérénité*.

Bruno Barjou, expert en ressources humaines, formation et accompagnement des individus et des équipes, co-auteur de *Réussissez dans vos nouvelles fonctions*.

Delphine Barrais, journaliste et co-auteur de *Affirmez-vous au quotidien, Cultivez efficacement vos réseaux, Déléguez en toute sérénité, Fédérez votre équipe avec succès, La bible du manager, La bible pour bien communiquer, Managez des personnalités difficiles, Optimisez votre organisation, Réussissez dans vos nouvelles fonctions, Savoir se vendre, Toutes les clés d'un business plan réussi, Managez avec humour, Mieux communiquer avec la PNL, Zéro faute à l'écrit comme à l'oral, Réorientez votre carrière, Développez votre culture générale* et *Décidez d'être heureux au bureau.*

Lionel Bellenger, reconnu comme l'un des meilleurs experts en communication et en négociation, maître de conférences à Paris III-Sorbonne Nouvelle et au groupe HEC, co-auteur de *Boostez votre créativité, Managez avec humour* et *Comment manager votre manager ?* et auteur de *Développez votre confiance en vous, Managez un projet avec succès, Réussissez toutes vos négociations, Réussissez vos prises de parole* et *Sept minutes pour convaincre*.

Ramez Cayatte, consultant, président fondateur de Médiargie et auteur de *Décidez vite, décidez bien, Managez en restant vous-même* et co-auteur de *Fédérez votre équipe avec succès* et *Motivez pour gagner*.

Dominique Chalvin, psychologue et sociologue de formation, diplômé EOM de l'International Transactional Analysis Association de San Francisco, co-auteur de *Affirmez-vous au quotidien, Managez des personnalités difficiles* et auteur de *Apprenez à vous connaître, Libérez vos talents de manager, Mieux vivre avec votre stress* et *Optimisez vos relations aux autres*.

Marie-Josée Couchaere, directrice du département interentreprises d'un grand organisme de formation et auteur de *Dynamisez vos réunions, Lisez vite, lisez mieux, Musclez votre mémoire* et *Zéro faute à l'écrit comme à l'oral*.

Jean-Luc Fessard, consultant et formateur, co-auteur de *Optimisez votre organisation*.

Vanessa Genin, journaliste et auteur de *Boulot-vie privée : équilibrez vos vies*.

Daniel Latrobe, psychosociologue, consultant-formateur au sein d'un grand organisme de formation et auteur de *Gérez votre temps... pour en gagner*.

Tous les ouvrages cités ici proviennent de la collection « Management, les guides » / « L'essentiel du management », chez ESF éditeur.

Sommaire

Introduction

Vous vous sentez débordé dans votre travail ? Vous ne réussissez plus à effectuer comme vous le souhaiteriez vos missions, à traiter les urgences, à manager sereinement votre équipe ? Vous avez l'impression de ne plus pouvoir aller au fond des choses, faute de temps ? Cet ouvrage est fait pour vous !

La bible pour bien gérer son temps est un guide ultra-pratique qui vous permettra de rétablir les fondamentaux d'une bonne organisation, de repérer les situations chronophages de votre quotidien pour mieux les maîtriser, et enfin de trouver un équilibre personnel grâce auquel vous pourrez vous épanouir pleinement.

Cet ouvrage vous propose dans un premier temps de revoir l'organisation de votre espace de travail, qu'il s'agisse de l'agencement de votre bureau, du classement de vos dossiers ou de la répartition de vos fichiers informatiques. Cette partie vous aidera à reprendre la main sur votre agenda pour mieux gérer vos plannings, savoir vous rendre disponible pour vos collaborateurs, mais aussi réussir à vous réserver des plages de temps pour vous. Vous y découvrirez des outils et des conseils pour ne plus courir constamment après la montre.

Vous partirez ensuite à la chasse au temps perdu. Terminées les réunions inutiles qui mettent à mal votre emploi du temps, finies les longues heures passées à tergiverser, à reporter des prises de décision pourtant essentielles... Cet ouvrage vous livre toutes les clés pour organiser et animer des réunions productives qui vous permettront de savoir trancher efficacement, de prendre les bonnes décisions au bon moment, mais aussi de négocier avec succès sans y passer vos journées !

Grâce à ces différentes démarches, vous installerez progressivement autour de vous un environnement motivant et une dynamique nouvelle. Délesté de la peur systématique de manquer de temps, vous serez en mesure de rééquilibrer votre vie professionnelle pour mieux profiter de votre vie personnelle ! Vous redonnerez ainsi du sens à votre quotidien et redécouvrirez le plaisir de travailler sans stress. Un gain d'efficacité que vous serez en mesure de partager avec toute votre équipe !

-1-

S'approprier les fondamentaux d'une organisation efficace

Revoir
les bases de son organisation

Se munir
d'outils performants et adaptés

Se concentrer
sur l'essentiel

Introduction

Cette première partie vise à vous faire gagner du temps en vous donnant toutes les clés pour mettre en place une organisation optimale. Vous verrez notamment comment ranger votre bureau judicieusement, adopter des méthodes de classement efficaces et gérer votre agenda avec souplesse en fonction de vos objectifs. Cette partie vous invite également à vous organiser pour réussir à améliorer votre concentration, augmenter votre vitesse de lecture et gagner ainsi un temps précieux.

Pratique et opérationnelle, *La bible pour bien gérer son temps* vous propose un accompagnement sur mesure :

- Comment créer un lieu agréable pour travailler, à la fois fonctionnel et personnalisé ?
- Comment maîtriser la circulation de ses collaborateurs dans son bureau et éconduire les visiteurs « ventouses » ?
- Comment planifier toutes ses activités sur différentes échelles de temps ?
- Comment structurer ses journées en tenant compte de son rythme de travail ?
- Comment aller à l'essentiel lors de ses lectures et consolider sa compréhension ?

Maintenant, c'est à vous de jouer !

1

(Ré)organiser son espace de travail

Mettre au point
ses méthodes
de classement

Rester
maître de
son bureau

Se sentir
bien dans
son espace

CRÉER UN LIEU AGRÉABLE POUR TRAVAILLER

Une bonne organisation passe d'abord par l'agencement d'un espace de travail qui vous donne envie de vous asseoir à votre bureau. Si vous commencez votre journée par chercher indéfiniment vos dossiers, vos notes, votre stylo, etc., vous perdez du temps et risquez fort de voir votre motivation et votre entrain s'amenuiser... Et si vous mettiez un peu d'ordre dans vos affaires ?

Diviser son bureau en 5 fonctionnalités

Votre bureau n'est pas qu'un simple meuble chargé de dossiers qui supporte votre ordinateur. Ce n'est pas seulement un espace qui vous a été affecté pour accomplir vos tâches au sein de l'entreprise.

Votre bureau doit remplir 5 fonctions essentielles. C'est un lieu où vous devez pouvoir :

• **Rester concentré.** Cette capacité mentale passe par la concentration matérielle. Votre cerveau peut traiter en même temps une multitude d'informations, mais il ne peut se concentrer que sur un seul dossier à la fois (voir page 40). Aussi :
- éliminez de votre champ visuel tout ce qui pourrait attirer votre attention (un papier administratif à remplir, une carte reçue, une invitation à retourner...) ;
- recensez toutes vos tâches « à faire » et établissez vos plans de journée sur une fiche appropriée plutôt que de consteller votre bureau de Post-It ;
- classez vos dossiers pour ne garder dans votre champ visuel que celui sur lequel vous êtes en train de travailler (voir page 26).

• **Recevoir et envoyer des informations.** Même si l'essentiel des informations que vous recevez et expédiez transite maintenant par votre ordinateur, une masse importante de documents continue à circuler physiquement dans votre bureau (revues, offres de différents fournisseurs, documents imprimés pour en faciliter le traitement, etc.).

Pour optimiser votre organisation, prenez une décision concernant la destinée de vos documents entrants à l'instant même où ils arrivent

afin d'éviter les empilements anarchiques. Ainsi, choisissez pour chaque document s'il faut le :
- traiter immédiatement ;
- classer avec les autres dossiers à traiter ;
- faire circuler ;
- jeter, ce qui finalement concerne un grand nombre de documents (voir page 26).

• **Classer des documents** pour les retrouver facilement (voir la méthode décrite page 26).

• **Accueillir des personnes.** Idéalement, votre bureau doit permettre de vous isoler pour échanger avec d'autres personnes sans perturber votre entourage et tout en préservant la confidentialité des propos tenus.

• **Prendre du plaisir à travailler.** Peut-être l'avez-vous oublié, mais votre bureau doit aussi être un endroit où vous vous sentez bien pour donner le meilleur de vous-même et favoriser votre capacité à être créatif. Aussi n'hésitez pas à personnaliser votre espace (voir encadré ci-contre).

Personnaliser son espace professionnel

Si les règles en usage dans votre entreprise ne sont pas trop strictes, n'hésitez pas à mettre des objets et des éléments décoratifs :
→ cartes postales ;
→ souvenirs ;
→ photos...

Cela contribuera à créer une ambiance vous permettant de vous sentir bien. La créativité a besoin de rigueur pour exister mais elle s'épanouit dans des lieux qui permettent de « sortir du cadre ».

Les 5 fonctionnalités du bureau sont faciles à mettre en œuvre, à moins que vous ne travailliez en open space. Auquel cas, quelques adaptations sont à prévoir.

Apprendre à cohabiter en open space

En open space (voir encadré page suivante), l'échange d'informations et le classement de documents ne sont pas différents d'un bureau isolé. En revanche, il y est plus difficile de rester concentré car l'activité des autres collaborateurs génère du bruit et offre de multiples occasions de se disperser :
- appels téléphoniques ;
- passages ;
- conversations ;
- éclats de voix ;
- rires...

En outre, la personnalisation de votre espace de travail n'est pas simple, surtout si vous ne disposez pas d'un bureau fixe. À vous de travailler sur votre concentration et de sélectionner les quelques objets personnels, facilement transportables, qui vous permettront de vous évader le cas échéant.

Enfin, l'accueil des personnes est un véritable souci. Pour y remédier, faites jouer votre faculté d'anticipation afin de réserver les salles prévues à cet effet ! L'organisation finalement est un cercle vertueux qu'il « suffit » de déclencher. Plus vous serez organisé, plus vous anticiperez et pourrez contrôler les mouvements autour de votre environnement.

Origine et intérêt de l'open space

L'origine de l'open space, ou bureaux paysagers, est liée à :

→ **l'économie.** Le prix du m^2 étant devenu tellement prohibitif que certains gestionnaires ont trouvé déraisonnable de payer un loyer et des charges pour des bureaux inoccupés la plupart du temps. Ce qui est le cas pour de nombreux métiers : consultant, commercial, responsable multisite... C'est Richard Galland (pour le siège d'un cabinet de consultants Arthur Andersen) qui, le premier, a marqué les esprits en France avec l'open space ;

→ **la communication.** L'objectif était de favoriser les échanges en évitant que les collaborateurs s'isolent dans leur bureau.

Il existe plusieurs formes de bureaux paysagers. Du plus ouvert : une dalle avec des bureaux non affectés, occupés au fur et à mesure des arrivées du jour. Au plus resserré : des petits boxes totalement équipés avec un cloisonnement assez haut pour ne pas être visuellement dérangé et attribués à des personnes précises.

Avez-vous un bureau organisé ?

Il devrait y avoir l'avant et l'après lecture de cet ouvrage. Vous avez certainement une manière toute particulière de trier vos affaires, dossiers, courriers, etc. À vous de tirer le meilleur de votre pratique et des conseils qui viennent d'être proposés pour vous améliorer. Pour savoir où vous en êtes aujourd'hui, effectuez le test ci-dessous en cochant « vrai » ou « faux » selon le cas.

Lorsque vous regardez votre bureau, vous vous dites…

Vrai	Faux	…je suis prêt à recevoir n'importe qui.
Vrai	Faux	…il n'y a rien qui puisse me déconcentrer, j'ai fait le nécessaire pour mettre de côté tous les objets et papiers qui sont pour moi des facteurs de dispersion.
Vrai	Faux	…l'open space a bien des inconvénients mais je les contourne en tirant le meilleur de ses avantages.
Vrai	Faux	…j'ai suffisamment personnalisé mon bureau.
Vrai	Faux	…je peux recevoir encore un grand nombre de documents à classer et stocker.
Vrai	Faux	…ici, je peux rester concentré autant de temps que je le souhaite.
Vrai	Faux	…je me sens bien dans cet espace que j'ai organisé à ma manière.
Vrai	Faux	…je suis à l'aise pour passer des coups de téléphone.
Vrai	Faux	…j'ai une méthode de classement efficace puisque je sais toujours où ranger les nouveaux documents qui me parviennent.
Vrai	Faux	…finalement, je suis de mieux en mieux organisé vu le changement qui s'opère dans mon espace tandis que celui des autres n'évolue pas.
Vrai	Faux	…je ne vois plus de Post-It, j'ai rassemblé toutes les informations éparpillées dans ma base de décision.
Vrai	Faux	…je n'envie plus les bureaux de mes voisins organisés.

Pour connaître le résultat de votre autoévaluation, reportez-vous à la page 254.

CONTRÔLER LES MOUVEMENTS HUMAINS ET MATÉRIELS

Que vous travailliez dans un bureau isolé ou dans un open space, personnes et documents transitent en permanence par votre espace de travail : échange de dossiers, demande d'informations, invitations... Maîtriser ce flux est indispensable pour optimiser votre organisation. Pour cela, vous devez apprendre à échanger les documents tout en restant vigilant face aux visiteurs ventouses.

Faire circuler les documents

Avez-vous déjà remarqué que certaines personnes croulent sous les documents tandis que d'autres parviennent à travailler dans un espace vide et épuré ? Le flux de documents (voir encadré ci-contre) n'est pas le même pour tous. Il dépend de :

• Votre fonction. Certains métiers génèrent beaucoup plus de documents que d'autres. Par exemple, votre banquier est tenu, pour certaines opérations boursières, de vous faire signer un document de près de 10 pages en double exemplaire pour signifier qu'il vous a bien informé sur les risques. Un document qu'il doit conserver, de même que ceux de tous ses autres clients.

• Votre entreprise ou plutôt la politique de votre entreprise dans ce domaine. Certaines sont très paperassières, d'autres préfèrent le « zéro papier » avec les documents informatiques.

• Vous-même. Car finalement, c'est vous, dans votre contexte, qui pouvez surnager sur des piles de documents ou au contraire travailler dans un bureau dégagé.

L'organisation est une capacité plus ou moins développée selon les individus. Certains ont un esprit et un espace de travail très organisés, tandis que d'autres n'ont aucune aptitude à trier, classer, prévoir et structurer leur journée.

Vous le premier avez déjà dû observer ces différences. Vous avez donc aussi pu constater des améliorations chez certains. Aussi, si vous craignez de ne pas pouvoir faire face au flux de documents qui traversent votre bureau, rassurez-vous et prenez connaissance des principes suivants :

• **Posez-vous la question de son utilité** lorsqu'un document arrive sur votre bureau : est-il important ? Est-il urgent ? La réponse à ces deux questions vous permettra de décider s'il vous faut le garder ou pas.

• **Donnez-vous des délais très contraignants** pour lire les documents, les journaux et revues qui arrivent sur votre bureau. Une fois ce délai échu, faites-les parvenir à vos collègues même si vous ne les avez pas lus. Ces derniers apprécieront de recevoir de l'information encore fraîche.

• **Faites-vous rayer des listes de distribution** des documents que vous n'arrivez jamais à lire.

La circulation des informations

Les supports des documents sont tout aussi différents que les moyens utilisés pour les faire circuler. Recensez parmi ces supports ceux que vous privilégiez et gardez toujours un œil sur ce flux de documents pour en conserver le contrôle :

→ courriers postaux ;
→ courriers électroniques ;
→ mails imprimés ;
→ prises de notes de messages oraux retenus au cours d'une conversation, d'un rendez-vous ou d'un échange téléphonique ;
→ copies de messages affichés dans l'entreprise ;
→ messages postés sur le réseau intranet, etc.

• **Demandez-vous toujours si le document reçu ne pourrait pas être encore plus utile à l'un de vos interlocuteurs.**

• **Glissez dans votre porte-documents seulement ceux que vous avez vraiment envie de lire.**

À première vue, ces principes paraissent excessifs, mais vous vivez dans un univers qui subit une inflation de documents tous plus passionnants les uns que les autres. Pour y faire face, dites-vous que vous n'aurez jamais le temps de tout lire. Ce qui est d'ailleurs fort probable !

Pour favoriser les échanges, donnez tous les documents que vous ne conservez pas à vos collaborateurs en osant leur demander de vous faire un bref résumé des points essentiels en échange de résumés que vous aurez faits sur d'autres documents. Cela vous fera gagner un temps précieux.

Vous venez de faire le point sur les documents qui transitent dans votre environnement, mais qu'en est-il des personnes qui vous sollicitent parfois de manière inopportune sans avoir nécessairement besoin de vous ?

Apprendre à éconduire les visiteurs ventouses

Parmi les personnes qui accèdent à votre bureau :

- **Certaines sont les bienvenues** puisque vous les avez conviées et qu'elles viennent au moment prévu pour vous rencontrer.
- **D'autres, en revanche, sont des « visiteurs ventouses »** (voir encadré ci-contre). Ils se présentent sans prévenir et au mauvais moment. Certains d'entre eux vont même jusqu'à profiter des sièges disponibles dans votre bureau pour s'installer et entamer la conversation, sans s'apercevoir qu'ils vous importunent.

Comme vous n'avez pas encore totalement renoncé à votre image de collègue sympathique, vous n'osez pas être désagréable à leur encontre.

Dans ce cas, utilisez la solution de secours qui consiste à ressentir un besoin urgent de prendre une pause pour inviter l'importun à aller jusqu'au distributeur prendre un café. Avec un peu de chance, aux abords de la machine, vous pourrez mettre votre visiteur en relation avec d'autres compères et en profiter pour vous éclipser discrètement.

Mieux, vous pouvez anticiper le passage des « visiteurs ventouses » en prenant l'habitude d'aller les voir dans leur bureau plutôt que de les laisser venir dans le vôtre. Quant aux collaborateurs qui prennent la peine de vous solliciter, la situation est différente, mais restez tout de même sur vos gardes.

Votre organisation s'améliore doucement mais sûrement. Vous venez de faire le point sur le contrôle des mouvements humains et matériels qui est une étape importante du processus que vous avez enclenché. Voyez maintenant comment poursuivre votre démarche en adoptant une méthode de classement de vos documents.

Démasquer les visiteurs ventouses de son entourage

Une personne peut être considérée comme « visiteur ventouse » si vous avez un contact professionnel avec elle et qu'elle prend l'habitude de prolonger sa présence dans votre bureau au-delà des quelques formules de sympathie habituelles entre collègues de bonne compagnie. Pour faire la liste de ceux que vous côtoyez, posez-vous les bonnes questions :

→ qui vient souvent me voir sans m'apporter de réelles informations ?

→ à propos de qui me suis-je déjà dit : « Cette entrevue me fait perdre mon temps » ?

→ quel collaborateur ne sait jamais mettre fin à une discussion malgré l'intérêt de ses propos ?

→ quel visiteur est passé maître dans l'art de la digression ?

PASSER MAÎTRE DANS L'ART DE CLASSER SES DOCUMENTS

Savoir donner et recevoir les documents qui transitent dans votre entreprise est une première étape quant à l'organisation de votre espace, mais qu'en est-il de ceux qui stationnent sur votre bureau ? Possédez-vous une méthode de classement infaillible, c'est-à-dire qui vous permette de retrouver rapidement les documents recherchés ? Pour le savoir, vérifiez que vous avez un plan de classement efficace et que vous savez jeter les papiers inutiles.

Établir un plan de classement

L'exercice commence par la définition de missions clés, qui sont les activités professionnelles, mais aussi personnelles, auxquelles il vous faut accorder du temps et de l'énergie pour atteindre les buts que vous vous êtes fixés.

Pour les déterminer, classez vos activités en différentes catégories en utilisant comme critères de répartition soit des thèmes (« clients », « produits », « argent », « équipe »...), soit des verbes d'action (« vendre », « produire », « manager », « gérer », » inventer »...).

Choisissez le système de classement qui vous convient le mieux puis attribuez un numéro à chaque mission clé. Par exemple : 1. vendre ; 2. produire ; 3. manager ; 4. créer ; 5. gérer ; 6. m'épanouir ; 7. inventer. Ensuite, pour chacune d'elles (entre 7 et 9 par catégorie, soit 5 à 7 missions clés professionnelles et 2 à 4 missions personnelles), listez les activités et les objectifs à atteindre pour obtenir un schéma comme ci-contre.

La grille obtenue comporte 7 missions clés et 26 activités différentes ce qui, pour un plan de classement, est déjà très performant. Ainsi :

• **Vous retrouverez très facilement les endroits où seront classés vos documents,** votre cerveau étant habitué à l'emploi de votre grille de

missions clés. Au pire, vous penserez pour un document à 1, 2 voire 3 missions clés pertinentes ce qui de toute façon limitera vos recherches.

• **Vous éviterez de classer des documents qui sortent du champ de vos activités,** favorisant du même coup le transit de documents dans l'entreprise.

Pour perfectionner votre dispositif, vous pouvez en plus attribuer un code couleur à chaque mission. L'utilisation du code couleur pour le classement est une technique fréquemment utilisée par les assistant(e)s performant(e)s, car elle renforce la mémorisation et facilite le classement puis la recherche des documents.

Plus votre plan de classement sera efficace, plus vous serez capable de travailler sur différentes missions en parallèle. Mieux, vous gagnerez en sérénité.

Enfin, sachez qu'être capable de classer ses documents est un préalable à savoir distinguer ceux qui sont superflus ou inutiles. En d'autres termes, si votre classement est efficace, alors vous serez en mesure de ne garder que les documents essentiels.

S'astreindre au tri très sélectif

Les bases de votre plan de classement étant définies, essayez de déterminer quels documents classer. Pour ce faire, voici quelques bons conseils, simples mais efficaces :

- **Posez-vous la question de l'importance et de l'urgence** pour chaque nouveau document entrant dans votre bureau.
- **Ne classez que les documents importants.** Glissez les documents urgents dans un trieur, hors de votre champ visuel mais à portée de main.
- **Osez mettre à la poubelle les documents dont vous ne sauriez déterminer l'importance.** Votre expéditeur saura reprendre contact en temps voulu si jamais vous laissiez passer une information importante.
- **Préférez prendre la décision de jeter** lorsque vous vous dites : « Aurai-je le temps de traiter ce document plus tard ? » Dites-vous qu'il est peu probable que vous trouviez le temps sachant que vous en manquez déjà.

Par mauvaise conscience, il est probable que parfois, avant de quitter votre bureau, vous glissiez dans votre porte-documents un dossier que vous n'osez pas jeter. Ce faisant, à moins d'avoir de longs trajets propices à la lecture, vous le mettrez en concurrence avec votre famille, vos amis et vos activités de loisirs. Résultat : le lendemain, vous vous sentirez coupable soit de ne pas l'avoir lu, soit d'avoir écourté le temps alloué à votre vie personnelle.

Aussi, rentrez l'esprit tranquille chez vous et jetez sans remords les documents dont l'importance n'est pas immédiatement évidente pour vous.

Si vous n'aviez qu'un seul conseil à retenir de cette section : investissez dans des poubelles plutôt que dans des armoires supplémentaires ! Soyez le plus sélectif possible. La nature est ainsi faite que plus vous avez de place et plus vous stockez des dossiers inutiles. Une remarque qui vaut tout aussi bien pour l'espace réel que virtuel...

Oser faire le premier pas

« En fait, j'ai été amené à trier les documents de mon bureau lorsque mon entreprise a déménagé. Par la force des choses, j'ai bien dû constater que les trois quarts des papiers amassés ne m'avaient jamais servi ! À chaque document que je jetais, je m'imaginais quelques mois, voire quelques années en arrière avec ce même document en train de me poser la question : "Que faire ? Je le mets de côté, il me servira bien un jour." Finalement ils n'ont pas servi. Pire, j'avais oublié leur existence. Le plus difficile est de faire le premier pas, puis ensuite, avec l'habitude, on jette sans remords et sans que cela n'affecte nos activités. Je ne travaille pas moins bien qu'avant. En revanche, je me sens plus libre. »

Christophe, 43 ans, publicitaire

ORGANISER SES FICHIERS INFORMATIQUES

L'organisation de vos fichiers informatiques est certainement un élément essentiel de votre efficacité, vu l'importance aujourd'hui de l'outil informatique. Pour plus d'efficacité, mieux vaut adopter un classement cohérent avec celui de vos dossiers papiers. Pensez notamment à vos missions clés.

Créer des arborescences de ses missions clés

Rappelez-vous, pour établir votre plan de classement, vous avez dressé la liste de vos missions clés avant de répartir vos activités dans ces différentes missions (voir page 26). Vous avez ainsi obtenu une arborescence que vous avez utilisée pour organiser vos dossiers papiers.

Pourquoi ne pas aller encore plus loin en appliquant cette logique à l'ensemble de vos fichiers informatiques ? C'est-à-dire à vos :
- documents enregistrés sur le bureau de votre ordinateur ;
- mails ;
- contacts, carnet d'adresses, répertoire ;
- tâches.

Ce classement, selon la complexité, se fera sur 2 ou 3 niveaux en respectant le principe suivant :

	Exemple
Niveau 1	Mission Clé : 1.Vendre
Niveau 2	Activité : 1.1 Prospects
Niveau 3	Tâches : 1.1.1 Création d'une liste de contacts 1.1.2 Appels téléphoniques 1.1.3 Rendez-vous

À chaque mission clé, activité et tâche correspond une numérotation qui n'existait pas jusqu'alors (pour le classement des documents papiers par exemple). En fait, ces chiffres sont nécessaires pour les fichiers informatiques. Ils n'impliquent pas de priorité, ils permettent simplement de classer vos documents par mission clé, activité et tâche, c'est-à-dire par niveau, au lieu de les classer de façon alphabétique comme le fait automatiquement l'ordinateur.

Pour que ce dispositif de classement soit totalement performant, habituez-vous à renommer les documents que vous recevez de vos interlocuteurs et que vous souhaitez classer dans vos dossiers.

De même, habituez-vous à ajouter un objet explicite aux mails que vous recevez et que vous souhaitez classer. Cette méthode de classement vous facilitera, par exemple, la recherche d'anciens messages.

Un exemple d'arborescence

Pour reprendre l'exemple donné dans la section 3 de ce chapitre, voici comment pourrait s'organiser votre classement informatique :

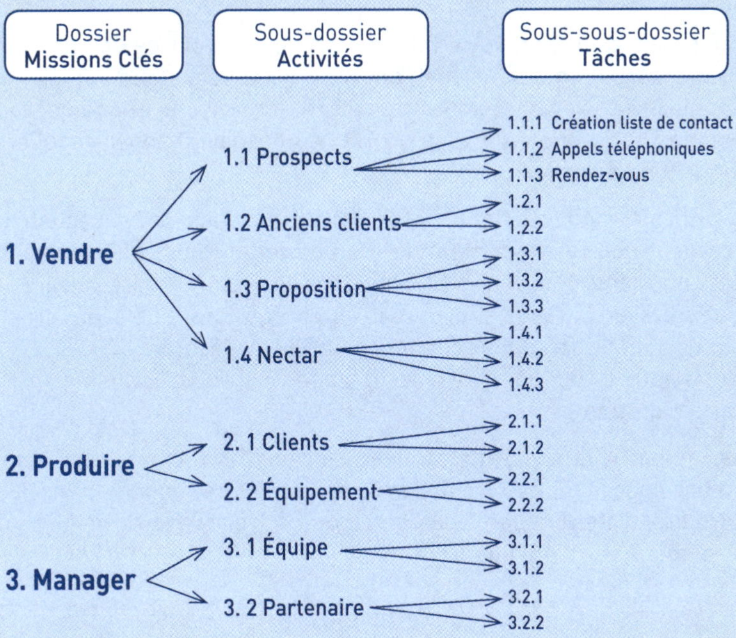

Classer ses dossiers pour aérer le bureau de son ordinateur

Si vous avez appliqué les conseils proposés dans cet ouvrage, vous ne devriez avoir sur votre bureau réel que le dossier sur lequel vous êtes en train de travailler. Ce principe s'applique également au bureau de votre ordinateur.

• **Supprimez systématiquement les icônes parasites sur votre écran** (les fournisseurs de logiciels ont tendance à consteller vos écrans des icônes permettant d'accéder à leurs produits). Faites la liste des logiciels que vous utilisez habituellement et mettez leurs icônes dans vos barres d'outils. Si vous préférez conserver des icônes sur l'écran de votre bureau, ne laissez que celles qui vous sont utiles en permanence.

• **Habituez-vous à classer au fur et à mesure tous vos dossiers dans les rubriques appropriées de vos missions clés.** L'ensemble de ces dossiers restant classé dans la partie « Mes documents » de votre ordinateur, pour ne conserver à l'écran que le dossier sur lequel vous êtes en train de travailler. Si ce dossier nécessite que plusieurs fenêtres soient ouvertes en même temps, vous naviguerez plus facilement de l'une à l'autre.

• **Choisissez avec soin votre fond d'écran et l'aspect de vos dossiers** car votre bureau, même virtuel, doit être un espace dans lequel vous avez plaisir à travailler. Selon votre nature, trouvez une image qui vous donne de l'énergie ou qui vous apaise. Au besoin, changez régulièrement de fond d'écran.

Les principes qui viennent d'être énumérés dans cette section ne concernent que le classement de vos dossiers ! Pour votre ambiance de travail, sachez que vous ne fonctionnez pas comme votre voisin :
- pour certains, la vision d'un bureau surchargé contribue à leur créativité, ils aiment travailler au milieu d'un joyeux désordre ;
- pour d'autres, tout doit être classé, rangé pour qu'ils donnent le meilleur d'eux-mêmes.

Aussi, prenez le temps de déterminer dans quelle ambiance vous aimez travailler pour juger du niveau de classement et de rangement propice à votre créativité. Ensuite, vous serez prêt à (re)voir votre manière de tenir en main votre agenda, si besoin.

Savez-vous organiser vos fichiers informatiques ?

Vous savez maintenant trier, classer et ranger les documents que vous recevez en version papier. Physiquement, votre espace de travail est organisé, mais l'est-il aussi virtuellement ? Comment sont vos fichiers informatiques ? Le test ci-dessous devrait vous aider à faire le point.

Vrai	Faux	Je ne fais pas de différence entre le classement physique et le classement virtuel, je garde la même méthode.
Vrai	Faux	Je prends l'habitude de trier mes mails.
Vrai	Faux	J'utilise la méthode des missions clés pour classer les contacts de mon carnet d'adresses.
Vrai	Faux	Il est rare que je conserve le titre des documents donnés par mes collaborateurs car je n'ai pas la même logique qu'eux.
Vrai	Faux	Le bureau de mon ordinateur ne contient plus que 3 ou 4 icônes indispensables.
Vrai	Faux	J'ajoute des numéros à tous les niveaux de classement afin de ne plus être tributaire du classement automatique par ordre alphabétique de l'ordinateur.
Vrai	Faux	Je renomme souvent les mails que je reçois pour faciliter leur classement.
Vrai	Faux	J'ai personnalisé mon fond d'écran.
Vrai	Faux	Je m'efforce de classer les documents que je reçois à l'instant même où je les reçois. Tout au moins, je consacre quelques minutes par jour au tri des dossiers du jour.
Vrai	Faux	J'ai fait le tri dans les logiciels de mon ordinateur, en supprimant ceux dont je ne me servais pas.

Pour connaître le résultat de votre autoévaluation, reportez-vous à la page 254.

L'essentiel

(Ré)organiser son espace de travail, c'est connaître les fonctionnalités de son bureau réel et virtuel afin de mettre au point la meilleure méthode de classement.

Prendre conscience des 5 fonctionnalités de son bureau
Savoir que le bureau permet de rester concentré, de recevoir et d'envoyer des informations, de classer des documents, d'accueillir des collaborateurs et de s'épanouir.

Découvrir comment bien vivre en open space
Dresser la liste objective des inconvénients et des avantages des bureaux paysagers.

Faire circuler les documents au sein de son entreprise
S'interroger sur le devenir des dossiers qui pénètrent son espace de travail à l'instant même où ils arrivent.

Maîtriser la circulation de ses collaborateurs autour de son bureau
Se défaire des visiteurs ventouses par la méthode douce.

Choisir une méthode de classement unique
S'appuyer sur les missions clés. Prendre l'habitude d'utiliser toujours la même méthode de classement pour créer des automatismes.

-2-

Garder la main sur son agenda

Distinguer
les différentes
échelles de temps

Respecter
son rythme de vie

Garder le cap
sur ses objectifs

APPRENDRE À SE CONNAÎTRE POUR FAVORISER SA CONCENTRATION

La concentration est un élément clé de l'organisation… à condition de savoir l'utiliser au mieux ! Si vous organisiez vos journées sans tenir compte de cette aptitude, sans réfléchir aux périodes qui sont pour vous propices à une meilleure concentration, vous prendriez le risque de vous épuiser et de diminuer votre efficacité. Apprenez donc à déterminer vos périodes d'efficience.

Respecter son rythme de travail

Plusieurs facteurs peuvent influencer votre capacité à vous concentrer. Et notamment :
- l'intérêt que vous portez à l'activité pratiquée ;
- vos rythmes physiologiques.

Il a été démontré qu'un individu n'avait pas les mêmes capacités physiques selon le moment de la journée (voir encadré ci-contre).

Schématiquement, vos capacités physiques varient selon une courbe (voir schéma ci-après) présentant une période optimale le matin et l'après-midi (les horaires ne sont que des indications qui varient d'un individu à l'autre). Vous n'avez pas la même courbe d'efficacité que votre voisin.

Température et évaluation du temps

Lorsque vous êtes malade et fiévreux, le temps passe-t-il rapidement ou semble-t-il s'arrêter ? De manière générale, il ralentit. La température de votre corps semble donc avoir une influence sur votre évaluation du temps :

→ votre corps est à une température basse le matin et tard le soir : le temps s'accélère ;

→ sa température augmente dans l'après-midi et la soirée : le temps ralentit.

Et si, lorsque vous avez besoin de faire une pause, vous augmentiez la température de votre corps ?

Par exemple, il y a un décalage de une à deux heures entre les matinaux et les noctambules.

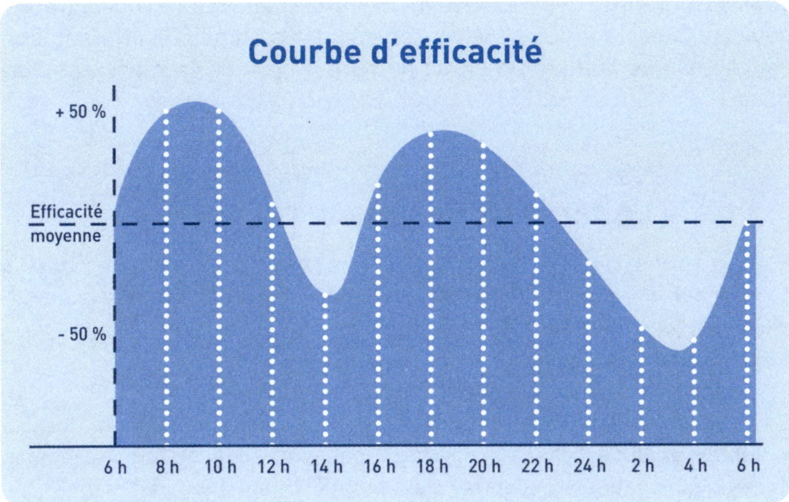

Partant de ce constat, tâchez d'identifier, dans la journée, vos périodes favorables à une meilleure concentration. Il semble que :

- le meilleur moment pour les travaux créatifs, voire complexes, qui réclament raisonnement et organisation se situe le matin ;
- l'idéal pour les performances physiques serait tôt le matin ou en fin d'après-midi ;
- la période de baisse d'énergie se situe à l'heure de la sieste.

Ces remarques doivent cependant être affinées en fonction de vos rythmes. Réfléchissez, en faisant abstraction des impératifs professionnels (rendez-vous, transport, horaires de l'entreprise, etc.), à vos propres périodes de grande et de moindre concentration. Tenez compte de votre besoin de sommeil et de vos temps de récupération.

Pour ce faire, après quelques jours de repos, observez les besoins et les facultés de votre corps : à quelle heure vous réveillez-vous ? Quand êtes-vous intellectuellement disponible ? Quand avez-vous besoin de vous dépenser physiquement ?

La connaissance de vos rythmes vous permettra de réserver vos périodes de grande concentration aux tâches les plus importantes et de limiter votre propension à vous disperser.

Repérer les tâches qui peuvent devenir automatiques

Et si vous profitiez des périodes moins favorables à votre concentration pour changer de rythme ? Votre cerveau, avec un peu d'entraînement, est capable de réaliser un grand nombre de tâches en mode automatique.

Le cerveau, un organe capricieux

Rappelez-vous votre première séance de conduite et votre difficulté à coordonner bras, pieds, lecture des panneaux, suivi des voitures alentour, etc. Puis, avec l'entraînement, des automatismes se sont installés vous permettant de vous concentrer sur la route.

Le cerveau est capable d'associer une infinité d'éléments.

En revanche, en simultané et de façon consciente, il ne peut intégrer que 5 à 9 éléments à la fois, d'où la limite technique pour un jongleur par exemple.

Surtout, il ne peut se concentrer que sur un élément à la fois.

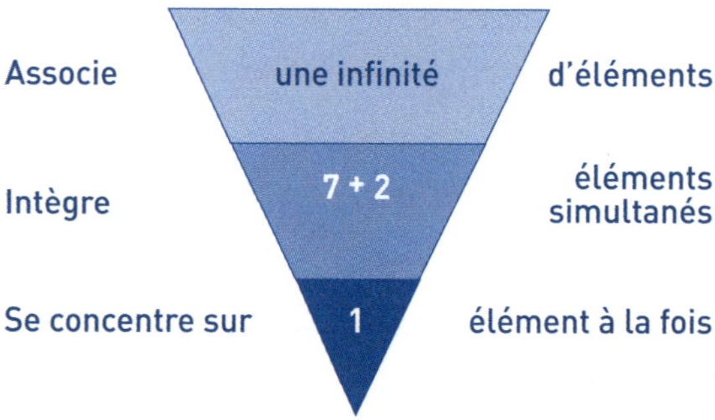

Cette limite dans votre capacité à vous concentrer est au cœur de l'organisation. **Pour préserver votre capacité à rester concentré, luttez contre la dispersion !**

De nombreuses tâches ne nécessitent pas un effort de concentration particulier : consulter ses mails, trier des documents, fixer des rendez-vous, etc.

Faites la liste de toutes les tâches qui ne vous demandent pas de concentration particulière, puis utilisez délibérément vos périodes de basse intensité repérées précédemment pour réaliser ces tâches. Par exemple, si vous devez recevoir par politesse un solliciteur, donnez-lui rendez-vous en début d'après-midi, juste après le repas.

Le cas le plus évident et le plus fréquent est la consultation des mails. Rappelez-vous qu'il est préférable de désactiver les dispositifs d'alerte pour ne pas être dérangé pendant une tâche importante.

Mais la consultation elle-même de vos courriers électroniques recèle une multitude d'occasions de vous disperser, en particulier si vous êtes abonné à différents sites d'information ou si vous avez des collègues qui souhaitent enrichir votre culture générale...

C'est pourquoi il est toujours préférable d'y procéder dans un temps creux.

Il n'est question que de consultation et de tri des messages, car le traitement de certains d'entre eux nécessitera toute votre attention et il sera judicieux dans ce cas de vous y consacrer dans vos temps forts.

Si votre activité s'y prête, pourquoi ne pas instaurer un rythme quotidien avec le même type d'activité à heure fixe qui vous permettra d'alterner des phases de forte concentration et des phases plus détendues. Par exemple :

- **deux heures de travail intense le matin,** dit « temps rouge », protégé avec une coupure de cinq minutes (voir page 50) ;
- **une demi-heure de consultation des mails,** appels téléphoniques ou traitement des courriels ;
- **des rendez-vous pour le reste** de la matinée.

Même découpage l'après-midi en positionnant judicieusement la phase de travail intense.

Ainsi, vous dessinerez une structure de journée qui vous sera par ailleurs utile pour gérer vos prises de rendez-vous en agenda partagé ou avec un(e) assistant(e). Mais surtout, vous constaterez très vite que cette préservation de vos phases de travail intense vous permet d'absorber une quantité considérable de travail créatif. De cette manière, vos activités seront plus simple à planifier.

Êtes-vous prêt à améliorer votre organisation ?

Vous avez décidé d'améliorer votre organisation, c'est une bonne chose. Mais êtes-vous vraiment prêt à concrétiser votre bonne résolution ? Pour le savoir, réalisez ce test en cochant « oui » ou « non » aux affirmations selon votre cas.

Affirmations

Oui	Non	Je suis prêt à modifier certains de mes comportements.
Oui	Non	Je vais sûrement devoir me familiariser avec de nouveaux outils et avec de nouvelles méthodes, mais cela ne m'inquiète pas.
Oui	Non	J'ai déjà défini mes 7 missions clés.
Oui	Non	J'ai déjà mis en place un système de suivi de programmation.
Oui	Non	Je connais mes activités à forte valeur ajoutée.
Oui	Non	Lorsque je fixe une action, j'ai conscience que je ne dois pas me sous-estimer, ni me surestimer. Je sais trouver l'équilibre.
Oui	Non	J'ai réparti mes activités par missions clés.
Oui	Non	Même si je surprends certains de mes collaborateurs avec mon changement de comportement, je vais poursuivre ma démarche.
Oui	Non	Je prends l'habitude d'annoter chacune de mes activités avec un code de priorité.
Oui	Non	Je sais que je ne vais pas devenir organisé du jour au lendemain. Le changement va s'opérer petit à petit et je vais être attentif aux moindres effets positifs pour me motiver.

Pour connaître le résultat de votre autoévaluation, reportez-vous à la page 255.

SE DONNER UNE PERSPECTIVE TEMPORELLE GLOBALE

Une bonne organisation repose sur le repérage de « vos périodes d'efficacité ». Donnez-vous maintenant une perspective dans le temps pour réaliser vos projets. Car être organisé, c'est aussi prendre les devants et être capable de se repositionner face aux événements prévus ou imprévus.

Anticiper les événements

Vous avez certainement déjà douté de l'intérêt de programmer et d'organiser minutieusement votre temps en pensant que, de toute façon, rien ne se passe jamais comme prévu.

De fait, quelle que soit la qualité de votre programmation, elle subira, et c'est bien normal, un certain nombre d'aléas. Toutefois, vous pouvez limiter considérablement ces aléas et imprévus.

Réfléchissez à la définition du terme « imprévisible ». Êtes-vous bien sûr que les événements de dernière minute sont véritablement imprévisibles ? Parmi la liste suivante, ne pouvez-vous pas anticiper certaines activités ? Comme par exemple :
- les temps de formation ;
- les réunions ;
- les rendez-vous avec vos clients, fournisseurs... ;
- les entretiens avec votre hiérarchie ;
- les salons, congrès, séminaires et autres événements professionnels ;
- etc.

Il est vrai que certains de ces événements se produisent parfois de façon impromptue et perturbent votre organisation alors même qu'ils pouvaient être programmés à l'avance ! Mais avez-vous déjà cherché à changer la situation ?

L'horizon prédictif

Hubert Reeves explique que l'horizon prédictif est « la durée temporelle au-delà de laquelle, dans un contexte donné, vous ne pouvez plus rien prévoir, ni rien affirmer ». L'homme possède un horizon inférieur à 4 heures. Toutefois, cela ne doit pas vous empêcher de vous projeter dans le futur. Que ferez-vous dans :

→ une heure ;
→ une journée ;
→ une semaine ;
→ un mois ;
→ une année ?

Par exemple, si vous pensez que les rendez-vous qui ne dépendent pas de vous sont imprévisibles, voici un conseil : osez aborder le sujet de l'organisation avec vos collaborateurs et supérieurs.

En effet, votre entourage peut tout simplement oublier de vous prévenir d'un événement programmé par leur soin. En prenant les devants, vous anticiperez l'événement.

Néanmoins, vous n'êtes pas en mesure de tout prévoir et de tout anticiper (voir encadré ci-contre). Il existe de « vrais imprévus » contre lesquels vous ne pouvez rien... si ce n'est améliorer votre organisation pour pouvoir les appréhender de façon sereine.

Prendre rendez-vous avec soi-même

Anticiper les événements de son existence, c'est aussi aborder une nouvelle période en réfléchissant à la meilleure manière de profiter du temps qui s'annonce.

Aussi, avant d'aborder une journée, une semaine, un mois, une année... prenez rendez-vous avec vous-même pour définir les principaux enjeux de la période qui s'annonce. En quelques minutes vous pourrez ainsi :

- **Faire le point sur la période qui vient juste de s'écouler** pour constater ce que vous y avez accompli, ce que vous n'avez pas fait ou ce qui prend du retard.
- **Prévoir ce que vous ferez dans la période à venir** en recherchant dans les listes de tâches à faire de votre base de décision les choses importantes à réaliser.
- **Reconsidérer l'ordre de vos priorités** en fonction de l'importance de ce que vous avez à faire et pas seulement des urgences qui vous sollicitent.
- **Fixer ce qui vous paraît être l'objectif le plus important** de la période à venir.

Vous allez très vite constater que votre investissement sera rentabilisé par la meilleure qualité du choix d'emploi du temps que vous ferez. Les temps de réflexion que vous vous autoriserez vous aideront à vous recentrer sur ce qui est essentiel.

En fait, vous êtes en train d'apprendre à utiliser une nouvelle répartition de votre temps qui consiste à augmenter le temps consacré à l'invention et à la concrétisation pour en gagner sur l'application.

Ainsi, vous gagnerez en efficacité professionnelle et pourrez trouver le temps de vous interroger sur votre rythme de travail, votre capacité de concentration et votre efficience.

Construire sa ligne RTL

Saviez-vous que votre façon d'équilibrer votre perception du passé, du présent et du futur détermine la qualité de votre vécu quotidien ? L'Américain Herbert Rappaport, auteur de *Marking time*, a mis au point une méthode simple pour révéler cet équilibre : la ligne RTL pour *Rappaport Time Line*.
Tracez une ligne puis dessinez une croix matérialisant votre situation actuelle. Indiquez ensuite les événements heureux de votre passé, présent (entre parenthèses pour différencier les zones) et futur.

Sachez que :
→ la place de la croix vous indique si vous avez une vision optimiste de votre durée de vie ;
→ le nombre et la nature des événements pour chaque période indiquent soit un équilibre, soit une orientation dominante vers une période, sachant que la difficulté à noter des événements dans une période reflète souvent une difficulté à assumer cette période en question.

PLANIFIER TOUTES SES ACTIVITÉS

Il est bien sûr indispensable de noter sur votre agenda les réunions, congrès, rendez-vous... c'est-à-dire le temps que vous allouez aux autres. Mais avez-vous pensé à signaler aussi les moments que vous vous accordez ? Si cela n'est pas déjà fait, habituez-vous à programmer sur votre agenda le temps nécessaire à la réalisation de tous vos projets, qu'ils soient professionnels ou personnels.

Commencer par une vision mensuelle

Idéalement, votre réflexion sur votre emploi du temps doit être conduite d'une année sur l'autre, mais vous savez pertinemment ce qu'il advient des bonnes résolutions et des fameuses promesses de la saint Sylvestre... Aussi, judicieusement, passez à une vision mensuelle.

Paradoxalement, alors que les entreprises et services sont généralement administrés au mois, très peu de personnes prennent le temps de réfléchir à la planification de leur mois. Pourquoi ne pas vous distinguer ?

En pratique, ce sont les outils de planification qui déterminent inconsciemment et parfois de façon plus importante que vous ne pouvez l'imaginer, votre façon de travailler. En France, existent Quo Vadis et Exacompta, leaders mondiaux de l'agenda hebdomadaire. Ces agendas vous ont donc habitués à planifier soigneusement vos semaines (voir encadré ci-contre). C'est très bien, mais pas suffisant !

Il vous faut aussi adopter une vision mensuelle, même si vous n'en avez pas l'habitude. Pour vous en convaincre, lisez avec attention les quelques remarques suivantes :

• le mois est une durée suffisamment longue pour prendre du recul dans vos décisions ;

• votre réflexion sur le mois écoulé et le mois à venir est d'autant plus essentielle que, si des dérives se produisent dans votre emploi du temps (retards, imprévus...), cela risque de bouleverser votre activité si vous ne mettez pas en place des décisions correctrices ;

- le mois est de fait une période idéale pour caler vos principales réunions en cohérence avec les exigences de la gestion de votre entreprise ;
- il est probable que, sur une période de trente jours, il soit plus aisé de consacrer du temps à la planification et à la réalisation de vos projets.

Passez à la pratique dès maintenant et vous constaterez aussitôt que ce simple changement d'échelle, de la semaine vers le mois, renforcera votre capacité à prendre du recul et vous permettra d'être moins sous la pression de l'immédiat. En étant plus focalisé sur l'essentiel, vous résisterez mieux à la pression de l'urgence et serez plus sélectif dans vos engagements. Toutefois, la vision mensuelle ne doit pas vous faire oublier la vision hebdomadaire.

Déterminer ses habitudes en matière d'organisation

En matière d'organisation, vous ne partez pas de « zéro ». Vous avez, consciemment ou inconsciemment, des habitudes et des méthodes de planification. Aussi :

→ formalisez ces modes opératoires pour savoir comment vous opérez ;
→ comparez avec les conseils formulés dans les autres sections de ce chapitre ;
→ passez à la pratique pour personnaliser et corriger au besoin ces conseils en fonction de vos rythmes et contraintes professionnelles.

Penser aussi à la planification hebdomadaire

Adopter une vision mensuelle ne signifie en aucun cas qu'il convient d'abandonner la planification hebdomadaire. Bien au contraire, c'est semaine après semaine que vous affinerez votre planification.

Le passage d'une semaine à l'autre, avec un bilan de fin de semaine et la planification de la semaine suivante, reste une étape essentielle. Simplement, si vous avez effectué une programmation soigneuse pour le mois, vous irez plus vite dans votre programmation hebdomadaire.

Entre ce que vous aurez organisé pour le mois, les imprévus et pièges chronophages (voir encadré page suivante), il ne vous restera probablement qu'une faible latitude. Le changement de semaine sera alors la période idéale pour prendre des décisions correctrices si vous constatez des retards importants sur la mise en œuvre de vos projets.

Les 6 dilemmes chronophages

Les pièges du temps sont nombreux. Tout au long de votre vie vous devrez faire face à des dilemmes chronophages. Par exemple, n'avez-vous pas déjà constaté que prendre une décision demande parfois un moment de réflexion interminable ? Faire le point sur les dilemmes et leurs conséquences devrait vous aider à prévenir et limiter ces conséquences à l'origine d'un sérieux gaspillage de temps.

DILEMMES DE...	PIÈGES DU TEMPS
...La décision	– indécision bloquante. – impatience frénétique.
...L'action	– insistance perfectionniste. – improvisation constante.
...L'organisation	– inertie administrative. – imprécision systématique.
...L'information	– incontinence paperassière. – illusion de rapidité.
...L'évolution	– idolâtrie du passé. – incantation progressiste.
...L'innovation	– immortalité des réalisations. – instabilité chronique.

Avec la coupure du week-end, le changement de semaine est de toute façon une période propice pour la réflexion. Mais comment procéder concrètement ? Inspirez-vous de ces quelques conseils qui devraient vous aider à passer à l'action :

- **Consacrez un peu de temps en fin de semaine pour programmer la semaine à venir** et vous libérer l'esprit, plutôt que de polluer votre week-end en pensant à la semaine qui s'annonce.
- **Habituez-vous à déterminer quel sera le temps fort de la semaine à venir,** celui qui, lorsque vous atteindrez le prochain week-end, vous donnera le sentiment que vous avez réussi votre semaine.
- **Essayez aussi de prendre conscience des raisons qui vous ont poussé à décaler certaines tâches,** jour après jour. Avez-vous pris des engagements intenables simplement pour être agréable avec l'un de vos interlocuteurs ? Cette tâche fait-elle réellement partie de vos attributions ? Vous constaterez certainement que, parfois, la réponse réside

plutôt dans votre relation avec les autres que dans votre organisation. Dans ce cas, négociez des délais plus longs pour vos engagements, déléguez certaines de vos activités...

Ainsi, vous aurez probablement la possibilité de prendre les mesures correctives qui s'imposent, et donc de limiter les retards et de faire face aux imprévus tout en poursuivant votre activité. Attelez-vous maintenant à parfaire votre organisation quotidienne.

STRUCTURER SES JOURNÉES

En matière d'organisation, il y a trois niveaux de planification : mensuel, hebdomadaire et bien sûr, quotidien. Vous venez de voir que plus vous adoptez une vision globale, plus vous gagnez en efficacité et en sérénité. Découvrez maintenant tout l'intérêt de construire à l'avance vos journées.

Apprendre à mettre au point un plan de journée

Avec le mois, la journée est la deuxième période clé de votre organisation. Aussi :

- **Habituez-vous à faire le point sur la journée écoulée** et établissez votre plan pour le lendemain. Mieux, attribuez un code de priorité aux tâches que vous prévoyez pour la journée à venir.
- **Prévoyez, dans votre plan de journée, la réalisation de toutes les tâches prévues** lors de votre réflexion mensuelle ou hebdomadaire en veillant à indiquer le temps de déplacement (appelé « pied de pilote ») entre deux rendez-vous.
- **Allez piocher dans la liste de vos missions clés** (voir page 26) pour combler au besoin vos espaces de temps libre.

Pour mener à bien cet exercice, utilisez le modèle ABC (voir encadré ci-après) indiquant que vous êtes hautement efficace un tiers de votre temps en phase d'invention et de concrétisation, et moins efficace lorsque vous êtes dans les deux tiers dits d'application.

Ce modèle vous permettra d'identifier vos :

- « temps rouges » qui représentent les périodes au cours desquelles vous ne souhaitez pas être dérangé ;
- « temps verts » qui représentent les périodes aux cours desquelles vos solliciteurs sont les bienvenus (voir schéma ci-contre).

Le modèle ABC

Le modèle ABC est un perfectionnement de la loi de Pareto, dite loi des 20/80 (une petite partie des facteurs produit une grande partie des résultats).

Concrètement, dans un assortiment :

→ 15 % des produits génèrent 65 % du chiffre d'affaires, de la marge ou du résultat ;

→ 20 % des produits ont un rendement équivalent de 20 % ;

→ 65 % des produits ne fournissent que 15 % des performances de leur-gamme.

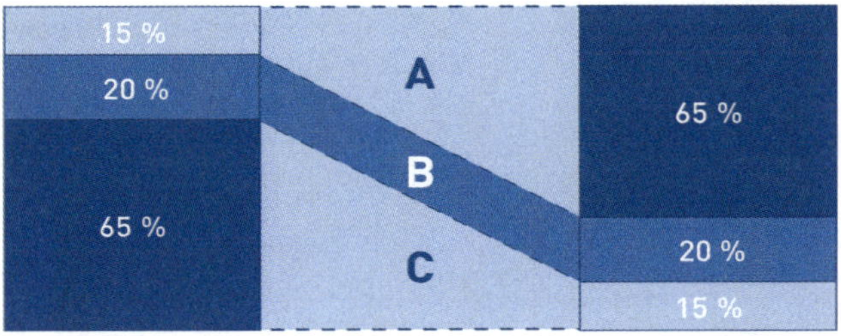

Si vous respectez la proportion un tiers temps rouge, deux tiers temps vert, et que vous communiquez sur vos périodes de disponibilité, vous constaterez une amélioration.

En effet, lorsqu'une personne ne ferme sa porte que de temps en temps, ses interlocuteurs comprennent qu'il ne faut pas la déranger et respectent ce signal.

Poser une pierre par jour

Attention, tous ces conseils ne doivent pas vous faire oublier vos « cathédrales », autrement dit vos buts fondamentaux ! Aussi, prévoyez toujours « une pierre du jour » dans vos plans de journée. Introduisez tous les jours une étape (même modeste) dans la réalisation de l'une de vos cathédrales (voir encadré ci-contre). L'idéal étant de programmer vos pierres la veille au soir pour le lendemain afin de donner une visibilité à votre cerveau sur votre futur immédiat. Ainsi :

- **Vous ressentirez moins de stress** par ce début de maîtrise de votre journée et, de façon inconsciente, votre cerveau commencera à se préparer à affronter les tâches de la journée.
- **Vous gagnerez en optimisme.** En effet, peut-être avez-vous pris l'habitude, le soir, de rayer sur votre liste de tâches celles que vous avez accomplies. Et chaque soir, vous repartez plus déprimé en pensant que vous ne vous en sortirez jamais. Avec ce dispositif de la pierre du jour connue dès le début de la journée, vous repartirez toujours satisfait de votre journée qui vous aura permis d'avancer sur un projet important.

Poser ses pierres du jour le matin

Vos pierres de cathédrale et plus généralement vos tâches importantes doivent être programmées de préférence le matin sur votre « temps rouge ». Car, si vous avez un imprévu, il vous restera toujours l'après-midi pour les réaliser. Alors que, si elles sont programmées l'après-midi et que survient un imprévu, il ne vous reste que le soir ou le lendemain. Deux solutions à éviter dans la mesure du possible.

Ce chapitre vous a permis d'appréhender la gestion de votre temps, en apprenant à anticiper les événements et à vous concentrer, pour faire le point sur vos projets, vos buts et vos objectifs. Il est temps que vous vous intéressiez de près aux outils de l'organisation.

Savez-vous quelle est votre capacité de concentration ?

Être concentré, c'est se focaliser sur la seule tâche que vous effectuez sans vous laisser distraire par le bruit, les appels ou les passages autour de vous. Plus vous serez capable de vous concentrer et plus vous serez efficace et optimiserez votre organisation. En effet, s'organiser, c'est aussi éviter la dispersion. Mais qu'en est-il de votre capacité à vous concentrer ? Le test ci-dessous devrait vous aider à faire le point.

Affirmations

Vrai	Faux	Lorsque je lis un document important dans un transport en commun, il m'arrive de manquer mon arrêt.
Vrai	Faux	Je sais que je n'ai pas la même capacité de concentration à toutes les heures de la journée.
Vrai	Faux	Je m'efforce toujours de ne faire qu'une seule chose à la fois et d'y consacrer toute mon attention.
Vrai	Faux	Je travaille en open space et lorsque je suis concentré sur la lecture d'un document, je ne sais pas combien de personnes sont entrées et sorties depuis que j'ai commencé ma séance de lecture.
Vrai	Faux	Je connais les rituels qui me permettent de rentrer en phase de concentration et je les mets en pratique si besoin.
Vrai	Faux	Je n'entends pas toujours les appels de mes collaborateurs lorsque je me consacre à une tâche importante.
Vrai	Faux	Si je suis dérangé en période de concentration, je sais répondre rapidement à mes interlocuteurs pour me reconcentrer rapidement.
Vrai	Faux	Je sais que je gagne du temps lorsque je me concentre sur une tâche et que je la mène au bout d'un seul coup.
Vrai	Faux	Je connais mes facteurs de dispersion ; je peux les lister immédiatement.
Vrai	Faux	Je suis conscient que la concentration se travaille et je pratique quelques exercices régulièrement.
Vrai	Faux	Je trouve toujours un intérêt à ce que je fais pour maintenir mon attention.
Vrai	Faux	J'essaie de trouver des activités qui sortent de mon quotidien pour maintenir mon intérêt.

Pour connaître le résultat de votre autoévaluation, reportez-vous à la page 255.

L'essentiel

Garder la main sur son agenda, c'est apprendre à gérer son temps ; c'est aussi prendre du recul pour pouvoir anticiper les événements en respectant son rythme de travail.

Prendre l'habitude de s'isoler pour entendre ses besoins
Consacrer quelques minutes en fin de cycle (journée, semaine, mois, année) pour faire le point sur le temps écoulé et réfléchir au temps à venir.

Apprendre à maîtriser les imprévus
Lister les faux imprévus qui peuvent se glisser dans son emploi du temps. Oser aborder le sujet de l'organisation avec ses collaborateurs et ses supérieurs.

Tracer sa courbe d'efficacité
Prendre conscience qu'un individu ne peut être efficace à 100 % tout au long de la journée. Programmer ses activités en fonction de son rythme personnel.

Automatiser certaines de ses tâches pour se concentrer sur l'essentiel
Entraîner son cerveau à transformer les tâches qui ne demandent pas de concentration particulière en automatisme.

Établir un emploi du temps sur 3 niveaux : le mois, la semaine et la journée
Commencer par adopter une vue d'ensemble avant d'affiner son emploi du temps. Utiliser le quotidien pour corriger les retards qui s'accumulent sur les semaines et/ou les mois.

-3-

Choisir les bons outils

Maîtriser
sa base
de décision

Connaître
les potentialités
de chaque outil

Faire
preuve de créativité

PASSER DE LA BASE DE DÉCISION AU « DÉCIDEUR »

Pour tirer pleinement parti des conseils proposés dans cet ouvrage, n'hésitez pas à les mettre en œuvre grâce aux outils appropriés. Le premier d'entre eux est appelé « décideur ». Il correspond à l'association base de décision/agenda et permet de faire les choix justes en tenant compte de vos objectifs à plus ou moins long terme ainsi que de vos contraintes.

Matérialiser sa base de décision

Concrètement, la base de décision est un mémento dans un classeur avec des fiches papiers ou des fiches informatisées dans les logiciels Outlook ou Notes. Ces fiches vous permettent de noter toutes les informations nécessaires à l'organisation de vos activités.

Pour construire votre base de décision, procédez en 3 étapes :

- **Commencez par établir vos « cathédrales »,** autrement dit vos buts à long terme. Mettez-vous à l'écart des sollicitations habituelles dans un lieu où vous ne serez pas dérangé et notez sur une feuille de papier tous vos grands projets professionnels et privés.
- **Ajoutez ensuite vos missions clés** (de 5 à 9), les activités (personnelles ou professionnelles) auxquelles vous devez accordez du temps et de l'énergie afin d'atteindre vos buts et objectifs.
- **Répartissez enfin toutes vos activités** dans les missions clés appropriées.

Pour chaque « cathédrale », mission clé et activité, utilisez des supports appropriés comme par exemple des fiches « à faire » pour regrouper les :
- tâches à effectuer ;
- personnes concernées à contacter ;
- degrés de priorité ;
- échéances ;
- moyens.

L'essentiel n'est pas tant le support que le concept du « tout en un ». En effet, si votre principal instrument de travail est un ordinateur, constituez votre base de décision dans Outlook ou Notes et transcrivez les informations sur les pages appropriées, par exemple dans la partie tâches.

Votre objectif est de pouvoir prendre des décisions rapidement et de faire face aux imprévus sereinement en un coup d'œil.

Par exemple, un collaborateur s'approche : « Nous devons absolument nous voir au plus vite concernant le projet X. » Après un simple coup d'œil à votre base de décision, vous pourrez répondre à votre collaborateur immédiatement, sans perturber le déroulement de votre journée. À condition, bien sûr, de mettre au point un « décideur » véritablement efficace en associant votre base de décision à un agenda.

La base de décision et le décideur

Historiquement, ces notions ont été inventées par le Danois Klaus Mölher, fondateur du *Time Manager International*, dans les années 1970.

Il a été le premier à prendre conscience que, pour être bien organisé, il convient d'associer une « base de décision » à son agenda. La base de décision permet de définir « quoi faire », lorsque l'agenda permet de choisir « quand le faire ». C'est cette association agenda/base de décision que Mölher nomme le « décideur ».

Si, il y a quelques années de cela, le décideur était un unique classeur répondant à la règle du « tout en un » pour éviter de disperser les informations utiles, il associe aujourd'hui papier et informatique pour être efficace.

Ajouter une notion de temps à sa base de décision

Vous avez défini l'« Important », passez maintenant au « Quand le faire » en fonction des urgences relatives.

Pour cela, équipez-vous d'un agenda type « Varilux », c'est-à-dire d'un système qui vous permet de disposer à la fois d'une perspective :

- dans le temps (année, mois) afin de planifier la réalisation de vos « cathédrales » et de vérifier que vous vous concentrez sur l'essentiel ;
- rapprochée (semaine, jour) afin de procéder aux arbitrages de dernière minute pour gérer les urgences.

L'agenda type « Varilux » comporte 3 supports : une vision mensuelle, une vision hebdomadaire et le plan de journée. Selon vos habitudes, vous vous servez soit de la vision mensuelle, soit de l'hebdomadaire. L'une et l'autre conviennent si vous vous efforcez de changer de point de vue de temps en temps.

Quoi qu'il en soit, que vous soyez mensuel ou hebdomadaire, la vision quotidienne reste indispensable !

Pour avoir une bonne perspective, l'agenda le plus abouti est celui qui permet de bloquer des plages de temps longtemps à l'avance (voir encadré ci-dessous), comme par exemple le modèle Exaplan 17 de chez Exacompta qui possède des pages mensuelles comme ci-contre.

Les jours y sont représentés par des lignes et les heures par des colonnes, ce qui matérialise parfaitement le temps. En un coup d'œil, vous pouvez distinguer :
- les activités récurrentes ;
- le temps déjà alloué et le temps restant disponible ;
- la matérialisation des temps de déplacement (pied de pilote) ;
- le début et la fin de chaque tâche.

Adepte des nouvelles technologies, vous ne vous sentez pas concerné par les outils papiers ? Et si vous changiez d'habitude ? En effet, certains avantages vous ont peut-être échappé !

Agenda mensuel : défaut et qualité

Le défaut apparent des agendas mensuels est qu'il n'y a pas de place pour noter les détails. En fait, c'est plutôt une qualité. L'agenda mensuel donne seulement des informations de temps ; si vous avez des descriptions et commentaires à noter, utilisez votre base de décision. Ensuite, avec une certaine pratique, vous trouverez des symboles pour préciser le type de rendez-vous comme par exemple des petits cubes pour vos pierres de cathédrale ou des croix pour vos réunions de service.

JANVIER

		8	9	10	11	12-13	14	15	16	17	18	19	
1	J	1	Jour	de l'an									1
2	V												2
3	S												3
4	D												4
5	L	2			✳								5
6	M												6
7	M												7
8	J												8
9	V												9
10	S												10
11	D												11
12	L	3			✳				RDV				12
13	M		❑										13
14	M		TBM										14
15	J												15
16	V												16
17	S												17
18	D												18
19	L	4			✳								19
20	M												20
21	M												21
22	J												22
23	V												23
24	S												24
25	D												25
26	L	5			✳								26
27	M												27
28	M												28
29	J												29
30	V												30
31	S												31

Savez-vous créer votre base de décision ?

Après la lecture de cette section, vous savez plus précisément ce qu'est une base de décision. Mais avant de passer à la pratique, avez-vous retenu l'essentiel ? Vérifiez-le à l'aide du test suivant.

Affirmations

Vrai Faux **1 •** Le décideur est une base de décision couplée à un agenda.

Vrai Faux **2 •** Le décideur a été créé pour rassembler les informations utiles à l'organisation personnelle.

Vrai Faux **3 •** Il ne faut que 4 étapes pour construire sa base de décision.

Vrai Faux **4 •** Le mieux est d'utiliser un classeur pour formaliser sa base de décision.

Vrai Faux **5 •** Pour construire ma base de décision, je dois reprendre les mêmes missions clés que celles définies précédemment.

Vrai Faux **6 •** Il faut s'efforcer de changer ses habitudes en ce qui concerne les repères de temps pour intégrer une vision à 3 niveaux.

Vrai Faux **7 •** Ma base de décision me suffit amplement pour prendre des décisions.

Vrai Faux **8 •** Mieux vaut avoir plusieurs niveaux de perspectives dans le temps pour optimiser son organisation.

Vrai Faux **9 •** Pour chaque « cathédrale », mission clé et activité, je dois consacrer et renseigner une fiche de mon classeur ou logiciel.

Vrai Faux **10 •** Il peut être utile d'apporter des codes pour symboliser les types de rendez-vous dans l'agenda de son décideur.

Vrai Faux **11 •** Un pied de pilote est le point de départ, autrement dit l'heure de commencement d'un rendez-vous, d'une réunion ou d'une activité fixée à l'avance.

Pour connaître le résultat de votre autoévaluation, reportez-vous à la page 256.

(RE)DÉCOUVRIR TOUS LES AVANTAGES DU PAPIER

Le tout informatique a engendré l'idée du « zéro papier ». Cette dernière, née il y a une décennie, a fait son chemin, sans pour autant se concrétiser. À quelques rares exceptions près, c'est plutôt l'inverse qui s'est passé. En effet, n'avez-vous pas adopté le réflexe qui consiste à imprimer tous les papiers, mails, échanges, que vous estimez importants ? Le papier finalement n'est pas prêt de disparaître.

Améliorer sa lisibilité de l'information

Si l'agenda papier n'a pas complètement disparu, c'est probablement qu'il présente des avantages non négligeables. Il permet notamment une meilleure lisibilité de l'information. Ne vous séparez donc jamais du vôtre :
- gardez-le à portée de main au bureau ;
- emmenez-le lors de vos déplacements ;
- utilisez-le lors de vos repas d'affaires ;
- etc.

Toutefois, revenir à l'agenda papier ne signifie pas abandonner votre Smartphone ! Faites-vous plutôt au principe du double agenda (papier et informatique). L'essentiel étant de ne jamais perdre de vue votre base de décision.

Comme vos collaborateurs, vous disposez certainement d'un agenda à la semaine sur lequel vous transcrivez à la fois votre emploi du temps et les informations concernant les tâches à faire. Or, être organisé, c'est dédier votre agenda à la seule visualisation du temps, tandis que les informations détaillées seront, elles, inscrites dans la base de décision (personnes à contacter, priorités, échéances, moyens...).

Ainsi, vous passerez d'une logique chronologique à une logique par mission clé. Essayez et vous comprendrez l'avantage de ce changement de logique !

Par exemple : vous avez eu, il y a 3 mois, une réunion avec votre N + 1. Pouvez-vous rapidement retrouver les informations échangées, les objectifs fixés pendant l'entretien, les personnes à contacter ?

Imaginez-vous maintenant avoir à portée de main une base de décision avec pour chaque projet, rencontre, entretien, etc., une fiche descriptive classée par mission clé. En ce cas, il vous suffit de remettre la main sur la fiche concernant l'entretien et de la relire rapidement pour obtenir vos réponses.

L'organisation est ainsi : moins vous vous dispersez, moins vous perdez de temps et plus vous pouvez mener à bien des activités qui vous rapprochent de vos buts et objectifs. Vous souhaitez aller encore plus loin ? Alors faites travailler votre mémoire.

Renforcer sa mémorisation

Selon votre situation, vos habitudes et vos contraintes, voici plusieurs conseils pour (re)trouver une mémoire infaillible sur laquelle vous pourrez toujours compter :

• **Réservez l'agenda à la visualisation du temps.** Cela vous permettra d'être plus conscient de votre emploi du temps et de mieux retenir certains rendez-vous ou engagements. En effet, la lisibilité que vous obtiendrez en éliminant les détails liés à vos différents rendez-vous facilitera votre mémorisation de ces derniers.

• **Observez vos habitudes quelques instants.** Avez-vous constaté qu'avec un agenda informatique vous n'avez pas une aussi bonne mémorisation qu'avec un agenda papier ? Rassurez-vous, cela s'explique ! Cela provient du fait qu'avec une saisie informatique :
– vous ne sollicitez pas de la même façon votre mémoire visuelle ;
– vous n'avez plus besoin de reporter les rendez-vous récurrents.

Aussi, si vous n'avez pas (ou plus) d'agenda papier, les rendez-vous avec vous-même chaque jour, semaine et mois, seront d'autant plus nécessaires pour retrouver la mémoire ou tout au moins pour la solliciter afin de n'omettre aucun de vos objectifs, missions, activités, réunions, etc.

• **Utilisez des couleurs, des images, des symboles…** N'hésitez pas à être créatif dans votre façon de noter vos engagements sur votre agenda, votre cerveau mémorise mieux ainsi.

Vous venez de faire le point sur les avantages du papier. Mais cela doit-il vous détourner des nouvelles technologies ? Bien sûr que non, et vous le savez ! Aussi, voyez maintenant comment tirer profit des nombreuses possibilités de l'informatique.

Prendre des notes pour renforcer sa mémoire

Écrire permet de s'approprier le message que l'on rédige. La prise de notes en particulier oblige à la concentration et à la mise en forme. En effet, prendre des notes, c'est reformuler et synthétiser un message. Aussi, efforcez-vous au cours d'une réunion, d'une conférence ou d'un entretien, de noter l'essentiel en :

→ utilisant votre propre langage ;
→ organisant vos écrits, c'est-à-dire en hiérarchisant les informations ;
→ schématisant dès que possible les messages.

MAÎTRISER TOUTES LES POTENTIALITÉS DE L'INFORMATIQUE

Vous avez vu tout l'intérêt du décideur, cette association base de décision/agenda. Or, ce type d'outil n'existe pas tel quel en informatique. Vous allez donc devoir utiliser les possibilités des logiciels existants pour bénéficier d'autres outils qui auront de grands avantages.

Tenir compte des apports d'Outlook, Notes...

Outlook et Notes appartiennent, entre autres, à la catégorie des organiseurs : vous pouvez profiter de leur système d'agenda perfectionné tout en construisant votre base de décision.

Leurs agendas offrent toutes les vues d'un agenda type « Varilux » : mensuelles, hebdomadaires et quotidiennes. Certes, la vue mensuelle ne permet pas de visualiser tous les créneaux horaires, mais les organiseurs offrent néanmoins certains dispositifs bien utiles. Et notamment, ils permettent de :

• Noter une seule fois les informations qui, grâce à la synchronisation, apparaissent sur tous les écrans concernés sans nécessiter de report. Les éventuels doublons sont même signalés.

• Enregistrer un rappel avant un rendez-vous ce qui peut être très pratique si vous prévoyez de prendre quelques minutes juste avant pour le préparer ou si vous voulez vous faire signaler votre départ en tenant compte du « pied de pilote » (voir encadré ci-contre).

• Mettre en place un système de partage d'agenda avec celui de vos collaborateurs.

Oser sauter le pas

David, 55 ans, chef de produit, a mis très longtemps avant de se laisser séduire par les avantages technologiques d'Outlook. « Vous savez, j'ai toujours fonctionné avec le papier et le téléphone. Pour moi l'informatique et Internet sont arrivés alors que j'avais déjà mes habitudes. Pourquoi en changer à quelques années de la retraite ? Pour pouvoir rester à la hauteur. Pour suivre les évolutions très rapides et les nouvelles exigences de mon entreprise. J'ai suivi une formation et découvert des avantages que je n'avais même pas imaginés. Et notamment ce système d'alarme infaillible grâce auquel je n'oubliais plus aucune réunion, ni aucun rendez-vous prévus longtemps à l'avance. Petit à petit, j'ai fini par m'habituer à cet outil et surtout par utiliser toutes ses potentialités. Aujourd'hui, je fais même mieux : je règle l'alarme quelques minutes avant les rendez-vous pour arriver en avance et pouvoir anticiper les échanges. Le tout finalement, c'est d'oser changer un peu ses habitudes pour en acquérir de nouvelles ! Le monde change, pourquoi pas nous ? »

Pour construire votre base de décision en « version informatique », reportez-vous aux possibilités de classement de ces logiciels. Par exemple, sur Outlook, vous avez la possibilité de classer vos contacts, vos tâches, etc., par « catégories ». Pour cela :

- cherchez, dans les menus, la rubrique concernant la création de catégories ;
- supprimez celles qui vous sont proposées par défaut ;
- créez vos propres catégories qui seront en fait vos missions clés. Un conseil : pour maîtriser l'ordre de classement de vos missions clés, attribuez-leur une numérotation (sans rapport avec un quelconque ordre de priorité).

Vous pouvez également créer des dossiers de classement pour vos documents et vos mails. L'arborescence apparaîtra dans les volets de navigation.

Les informations ainsi réparties vont se trouver dans plusieurs dossiers, ce qui peut sembler moins pratique que si elles étaient rassemblées dans un seul classeur. Mais étant donné que chaque dossier est dédié à une tâche précise, si vous utilisez toujours le même classement (vos missions clés) soyez sûr qu'à l'usage votre cerveau compensera sans problème cette légère complication. Classer un fichier, un contact ou un mail deviendra automatique.

Bien sûr, le réflexe de classement se mettra en place au fur et à mesure. Faites preuve d'un peu de patience pour adopter les bons gestes. Une fois acquis, vous gagnerez un temps considérable.

Se familiariser avec les PDA, Smartphones...

Glisser son décideur dans sa poche : voilà ce que permettent les PDA (voir encadré ci-dessous). Vous gardez constamment à portée de main votre carnet d'adresses, vous pouvez vérifier en permanence les tâches prévues et consulter vos mails.

Qu'est-ce qu'un PDA ?

PDA est un sigle qui signifie « Personal Digital Assistant », généralement traduit par « assistant personnel ». Cela désigne aujourd'hui plusieurs types de matériels :

- les PDA qui sont en fait des ordinateurs de poche ;
- les PDA Phones qui correspondent à un PDA équipé d'un téléphone ;
- les Smartphones qui sont des téléphones contenant les utilitaires d'un PDA.

Malheureusement, l'utilisation d'une telle technologie est limitée par la taille de l'écran et le temps de saisie de vos messages. Ce type d'agenda reste performant pour les plans de journée, mais peu lisible pour les autres périodes.

Si cela n'est pas déjà fait, il est temps de vous initier à la synchronisation de fichiers ou de répertoires (processus permettant de faire correspondre les contenus de deux – ou plus – emplacements de stockage). **Cette technique constitue un grand point fort des PDA qui n'ont alors plus d'inconvénients, mais seulement des avantages : la facilité de transport et... la sauvegarde.** En effet, imaginez que le disque dur de votre ordinateur tombe en panne. Un coup d'œil à votre PDA et vous retrouvez tous vos contacts ainsi que le programme de vos activités !

Pour plus de performance, voici résumés les conseils utiles pour l'utilisation d'un PDA :

• **Rappelez-vous que, pour faire preuve d'une véritable organisation, vous devez, quel que soit votre support, fonctionner avec le même classement.** Ordinateur portable, PDA, agenda papier ou électronique, utilisez vos missions clés.

• **Évitez, comme sur votre ordinateur portable, les fonctions du type « push mail »** (qui préviennent de l'arrivée de mails en direct) pour ne pas vous disperser.

• **Tapez vos messages sur votre ordinateur puis mémorisez le programme de votre journée** avant d'envoyer toutes ces informations sur votre PDA.

Finalement, être organisé, c'est donc savoir utiliser les outils papiers et informatiques. C'est associer ces deux types d'outils pour que les avantages de l'un pallient les inconvénients de l'autre, et inversement.

Vous venez d'atteindre un nouveau niveau de performance. Restez concentré et poursuivez votre lecture pour atteindre le prochain : l'amélioration de votre créativité.

ADOPTER LES OUTILS DE MOBILISATION D'IDÉES

Définir ses buts, objectifs et activités, établir leur priorité et les fixer dans le temps, c'est bien. Apprendre à combiner les avantages du papier et de l'informatique, c'est encore mieux. Mais à quoi bon y parvenir si vous n'arrivez pas à mobiliser vos idées ? Découvrez donc sans attendre les principes de la notation créative et l'offre des logiciels de créativité.

Utiliser la notation créative

Vous vous demandez certainement pourquoi vous initier à la notation créative (ou carte heuristique). Parce que cette méthode rassemble un grand nombre d'idées visualisables en même temps, permettant une vue d'ensemble qui optimisera votre organisation.

En outre, elle développe votre créativité en favorisant les associations d'idées et renforce la mémoire par la position des idées mais aussi l'utilisation de chiffres, de couleurs et de symboles (voir encadré ci-contre).

Pour ce faire :

- **Prenez une feuille de papier et inscrivez au centre le sujet qui vous concerne,** par exemple : la prospection de nouveaux clients, la remotivation de votre équipe ou le déroulement de votre prochain briefing.
- **Construisez une ramification par thème en partant du centre vers la périphérie.** Chaque ramification reliée au sujet correspond aux idées principales et peut ensuite être ramifiée pour apporter les détails, indications et informations utiles.

Principes de fonctionnement de la notation créative

L'objectif de la notation créative est de classer et de développer ses idées. En outre, elle permet de stocker les informations dont vous avez besoin et de les hiérarchiser sans perdre de vue l'essentiel : le sujet qui vous préoccupe et qui figure au centre du schéma !

Mise au point par Tony Buzan, la notation créative utilise de nombreux principes qui renforcent deux fonctions de base de votre cerveau :

→ la mémorisation ;
→ l'invention.

• **Résumez vos idées en un ou plusieurs mots-clés,** en un dessin ou en un symbole. Les phrases sont interdites.

• **Jouez autant que possible avec les couleurs ;** en effet, rappelez-vous que cela favorise la mémorisation.

Ainsi, vous allez obtenir un dessin ressemblant au schéma reproduit page suivante et dont le sujet ici est « la notation créative ». En un coup d'œil, vous pouvez comprendre l'intérêt de la méthode, découvrir ses avantages et apprendre à la réaliser !

Sachez que vous pouvez la mettre en pratique sans attendre pour :
- préparer une réunion, une intervention au cours d'un congrès ;
- prendre des notes ;
- faire l'équivalent d'un brainstorming ;
- établir un résumé ;
- construire un plan d'action ;
- organiser une journée, un séminaire, mais aussi un déplacement ou même un voyage.

Avec une simple feuille de papier, vous pouvez ainsi mobiliser vos idées sur un sujet donné en quelques instants. Imaginez donc les possibilités qui s'offrent à vous avec les logiciels de notation créative !

S'approprier un logiciel de notation créative

Il existe plusieurs logiciels permettant d'utiliser le *mind mapping* (souvent traduit par notation heuristique et précédemment désignée sous le nom de notation créative), créé par Tony Buzan. Voici une liste non exhaustive de ces logiciels :

• **Mindmanager** qui est le plus diffusé. Il a été créé par une société allemande appelée Mindjet et vous pouvez vous le procurer en France sur le site du groupe MMD France (www.mmdfrance.fr), une SARL créée en 2000. Martine Jésus, qui appartient à la société, est d'ailleurs l'auteur de *Le mind mapping pour l'entreprise avec Mindmanager pro 8*, ouvrage présentant toutes les possibilités de ce logiciel et de quelques logiciels complémentaires.

• **Open Mind** qui est proposé par MatchWare. Il semble très proche dans sa conception de Mindmanager.

• **ThinkGraph.** Gratuit, il propose une vision en 2D de la notation créative. Sa force repose sur l'utilisation de standards quant au stockage des informations.

- **iMindMap** que propose Tony Buzan lui-même. C'est de ce fait le logiciel le plus fidèle aux conceptions de l'inventeur de la notation créative. Pour bénéficier d'une présentation du *mind mapping* et de son logiciel par Tony Buzan lui-même rendez-vous sur la chaine YouTube de iMindMap, à l'adresse Internet suivante : www.youtube.com/user/iMindMap

Vous vous êtes approprié les instruments papiers et informatiques en tenant compte des avantages et des inconvénients de chacun. En outre, vous maîtrisez la notation créative. Votre organisation s'est à coup sûr améliorée.

N'avez-vous pas l'impression d'avoir plus de temps qu'avant ? N'avez-vous pas la sensation de pouvoir consacrer plus de temps à la construction de vos projets ? Ouvrez les yeux et prenez conscience de vos premiers efforts !

Se former à l'heuristique

Vous avez des difficultés à passer à la pratique ou souhaitez tout simplement approfondir les techniques de notation créative ? N'hésitez pas à vous tourner vers des professionnels. De nombreux organismes dispensent des formations sur ce thème et notamment l'École française d'heuristique (EFH) qui est un espace de formation et d'accompagnement, mais aussi un laboratoire de recherche appliquée dans le domaine des sciences cognitives et de la pédagogie. Pour plus d'informations : www.efh.fr.

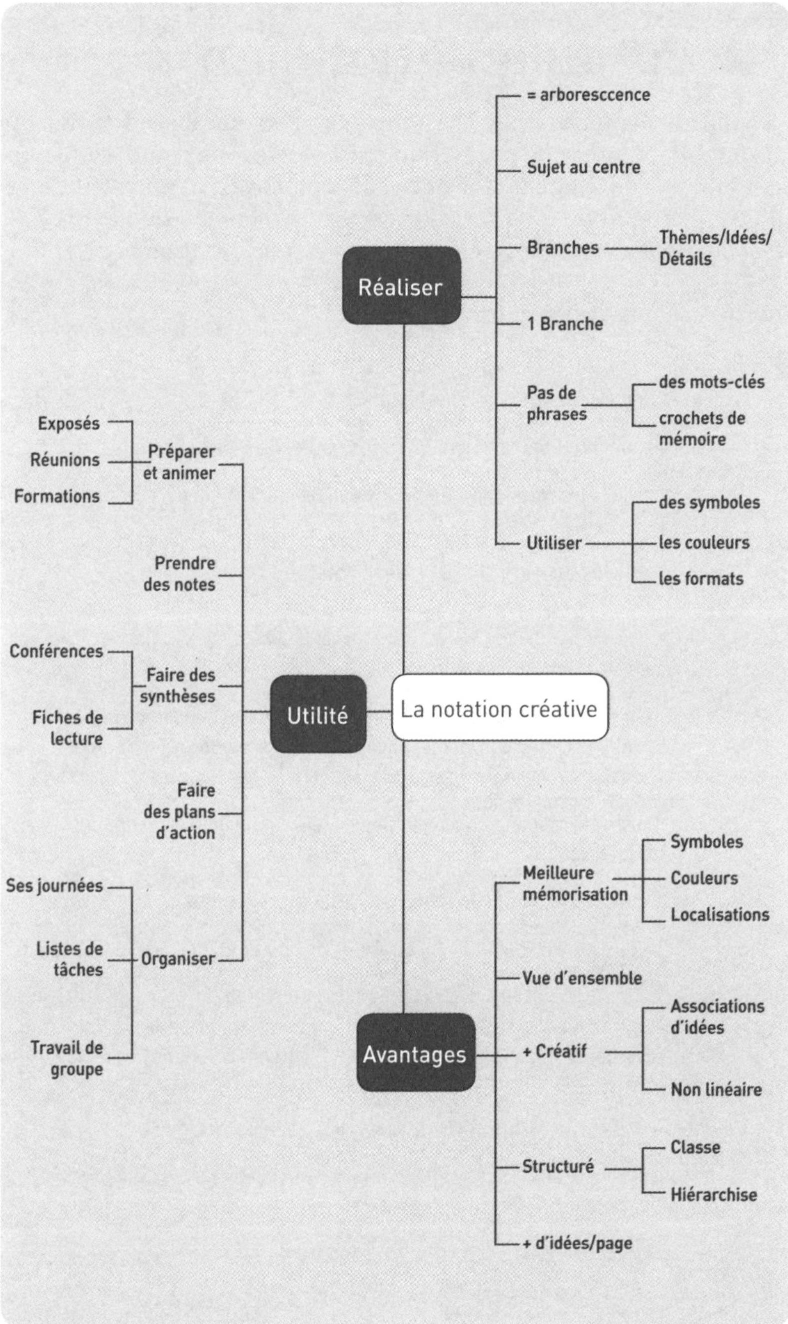
La notation créative
Réaliser
= arboresccence
Sujet au centre
Branches
Thèmes/Idées/ Détails
1 Branche
Pas de phrases
des mots-clés
crochets de mémoire
Utiliser
des symboles
les couleurs
les formats
Utilité
Préparer et animer
Exposés
Réunions
Formations
Prendre des notes
Faire des synthèses
Conférences
Fiches de lecture
Faire des plans d'action
Organiser
Ses journées
Listes de tâches
Travail de groupe
Avantages
Meilleure mémorisation
Symboles
Couleurs
Localisations
Vue d'ensemble
+ Créatif
Associations d'idées
Non linéaire
Structuré
Classe
Hiérarchise
+ d'idées/page

Utilisez-vous les bons outils au quotidien ?

Ce chapitre vient de vous présenter un bon nombre d'outils utiles pour optimiser votre organisation. Si certains ne vous conviennent pas, d'autres en revanche doivent vous satisfaire. Qu'en est-il de votre pratique ? Vous êtes-vous familiarisé avec certains d'entre eux ? Pour le savoir, cochez « vrai » ou « faux » face aux affirmations suivantes.

Depuis le début de ma lecture, j'ai...

Vrai	Faux	...fait évoluer mon comportement.
Vrai	Faux	...amélioré mon équilibre vie personnelle/vie professionnelle.
Vrai	Faux	...trouvé les missions clés qui me conviennent et qui permettent de définir toutes mes activités.
Vrai	Faux	...utilisé plusieurs fois la notation créative.
Vrai	Faux	...appris à manipuler un PDA.
Vrai	Faux	...construit mon décideur.
Vrai	Faux	...établi une liste de codes qui permettent de symboliser certaines de mes activités sur mon agenda, comme par exemple les réunions que j'anime, les déjeuners professionnels, les échéances de projets.
Vrai	Faux	...toujours mon agenda papier à portée de main pour une meilleure visibilité dans le temps.
Vrai	Faux	...amélioré ma mémorisation par différents exercices.
Vrai	Faux	...découvert aux outils informatiques des potentialités que je ne connaissais pas.
Vrai	Faux	...un carnet de notes qui ne me quitte pas afin d'y inscrire des informations récoltées au hasard des rencontres et des conversations.

Pour connaître le résultat de votre autoévaluation, reportez-vous à la page 256.

L'essentiel

Adopter les bons outils d'organisation, c'est d'abord concrétiser sa base de décision avant de s'approprier les agendas papiers et électroniques, ainsi que la notation créative.

Mettre au point son décideur
Rassembler sur un même support la description de ses « cathédrales », objectifs et missions clés, puis les coupler à un agenda pour tenir compte de la notion de temps.

Tirer profit des outils « papiers »
Se rappeler que l'agenda papier offre une meilleure visibilité de l'information que les assistants personnels.

Réveiller sa mémoire
Savoir que les agendas papiers, via l'écriture et la prise de notes, améliorent la mémorisation.

Se tenir au fait des potentialités des outils technologiques
S'approprier Outlook, Notes... mais aussi les PDA ou assistants personnels pour prendre le relais des outils « papier » lorsque cela est nécessaire.

Apprendre à mobiliser ses idées rapidement
Se familiariser avec la notation créative en misant sur la formation au besoin.

-4-

Lire
vite et bien

Se focaliser
sur les éléments
qui font sens

Augmenter
sa vitesse
de lecture

Améliorer
sa compréhension

SE CONCENTRER SUR LES MOTS PORTEURS DE SENS

Si la lecture est pour vous comparable à une longue marche tâtonnante durant laquelle vous attendez de comprendre chaque mot avant de passer au suivant, sachez que vous faites fausse route ! Au lieu de cheminer lourdement, songez plutôt à la photographie aérienne : prenez de la hauteur ! Ce faisant, les creux et les bosses de la route vous sauteront aux yeux, et en observant la position des mots dans la phrase, vous comprendrez mieux les rapports qu'ils entretiennent entre eux.

Aller à l'essentiel

Tous les mots présents dans un texte ne contribuent pas forcément à sa signification. Vous y trouverez en effet plus de mots et de phrases que le strict minimum nécessaire à la compréhension. Les auteurs développent, illustrent. Ils répètent aussi plusieurs fois la même chose sous des formes différentes. Vous pouvez tirer profit de cette redondance pour lire seulement ce qui vous sert à comprendre.

- **Faites une expérience :** lisez le texte suivant en entier.

« Il apparaît que le stock de mots dont dispose une langue se compose de deux sortes de termes : ceux qui supportent des notions plus ou moins nettement délimitées se rapportant à des expériences ou des perceptions ou des raisonnements plus ou moins élaborés, et d'autres qui servent à assembler, coordonner et classer les concepts selon des catégories qui varient d'une langue à l'autre.

Les premiers sont des mots PLEINS et les autres, des mots VIDES, pour adopter la distinction reconnue par les philologues, distinction commode

Améliorez vos performances visuelles

Pour comprendre un texte, mieux vaut le lire 2 fois vite qu'une fois lentement. Vos yeux sont naturellement imprécis. À vous de les éduquer pour optimiser leur performance visuelle, donc votre capacité de lecture.

qui revient à dire que le vocabulaire d'une langue consiste en deux sortes de termes : ceux qui n'ont pour raison d'être que de permettre de construire à l'aide des autres une communication cohérente, c'est-à-dire transmettre le contenu qui est fourni par les mots pleins. » (*Portrait du vocabulaire français*, Aurélien Sauvageot, Larousse, 1964, p. 135.)

• **Poursuivez l'expérience :** relisez seulement les groupes de mots en gras.

« Il apparaît que **le stock de mots dont dispose une langue se compose de deux sortes de termes : ceux qui supportent des notions** plus ou moins nettement délimitées se rapportant à des expériences ou des perceptions ou des raisonnements plus ou moins élaborés et **d'autres qui servent à assembler, coordonner et classer les concepts** selon des catégories qui varient d'une langue à l'autre.

Les premiers sont des mots PLEINS et **les autres, des mots VIDES**, pour adopter la distinction reconnue par les philologues, distinction commode qui revient à dire que le vocabulaire d'une langue consiste en deux sortes de termes : **ceux qui n'ont pour raison d'être que de** permettre de construire à l'aide des autres une communication cohérente, c'est-à-dire **transmettre le contenu qui est fourni par les mots pleins**. »

Vous venez de vérifier qu'il est possible de comprendre le sens général d'un texte en ne lisant qu'une fraction de celui-ci : ici, 40 % environ. Il n'y a donc aucun risque en prenant un peu de hauteur : ce n'est pas parce que vous ratez quelques signes que le sens disparaîtra.

Entraînez-vous à lire vite

Souvenez-vous d'un séjour « en immersion totale » que vous avez pu vivre dans un pays étranger. Les premiers temps, vous vous sentiez perdu et vous n'arriviez pas à saisir tous les mots, nuances et subtilités... Progressivement, votre oreille s'est habituée aux sonorités nouvelles et votre esprit s'est fait aux tournures idiomatiques.
Il en va de même avec la lecture rapide. En vous forçant à lire vite à titre d'exercice, vous vous trouverez un peu perdu parmi les mots qui défilent trop rapidement et que vous ne percevez pas bien. Puis, en persévérant, vous vous habituerez à percevoir des ensembles dont le sens s'imposera finalement de lui-même.

Lire globalement et vite pour mieux comprendre

Levez d'abord un préjugé : une lecture lente approfondie au mot près n'est pas synonyme d'une compréhension maximale. Vous venez de faire l'expérience du contraire. Lisez globalement, par groupes de mots, et vous percevrez mieux le sens profond d'un texte.

- **Faites des fixations très larges sur le texte,** allez de l'avant en accélérant progressivement pour produire un effet de perception simultanée.
- **Pratiquez la lecture comme vous regardez la télévision :** ce que vous prenez pour une image complète sur votre écran est en fait une succession de lignes composées de points lumineux. C'est la vitesse extraordinaire à laquelle se succèdent les lignes qui vous donne cette impression de simultanéité.
- **Lisez vite pour arriver à lire globalement :** plus un texte passera rapidement devant vos yeux, plus vous serez obligé d'en percevoir le sens rapidement.

Comprendre avec une vision floue

Raphaël Gaillard, psychiatre français, a conduit une étude sur 36 volontaires en leur présentant des mots de façon subliminale, presque au seuil de la conscience, dans des conditions de visibilité où la probabilité d'identifier ces mots était de 50 %. La moitié des mots était émotionnellement négative, l'autre moitié neutre.

Résultats : les vocables les plus perturbants ont été le plus souvent identifiés, même pour des orthographes proches : arme/orme, hache/vache, honte/fonte, douleur/couleur. « Arriver à montrer que le cerveau est capable d'une analyse aussi fine, indépendamment de la conscience, est quelque chose de totalement novateur. » Ceci confirme notre capacité à accéder non plus seulement en toute conscience, mais aussi inconsciemment au sens des mots.

Après avoir pris de la hauteur, voyez maintenant comment élargir votre vision.

Connaissez-vous votre vitesse de lecture ?

Afin de mesurer vos progrès, il vous faut un indicateur : votre vitesse de lecture. Celle-ci se calcule en nombre de mots/minute. Vous pouvez la connaître sur n'importe quel texte, il vous suffit de procéder comme suit :

1. Identifiez le nombre total de mots contenus dans un texte :

➔ si c'est un texte traité informatiquement, l'outil « statistiques » dans Word vous fournit l'information : nombre de pages, de mots, de caractères espaces compris et non compris ;

➔ si c'est un texte dans un livre ou dans un dossier, calculez vous-même le nombre de mots : prenez 10 lignes pleines, comptez le nombre de mots contenus dans chaque ligne et calculez la moyenne par ligne. Comptez le nombre de lignes par page et le nombre de pages du texte (ou d'une partie du texte) puis multipliez les trois nombres pour avoir le nombre total de mots dans le texte.

2. Chronométrez votre temps de lecture sur le texte.

3. Prenez le nombre total de mots du texte, multipliez ce nombre par 60 (secondes) et divisez-le par le temps enregistré à votre chronomètre (converti en secondes).

Exemple : pour un texte de 3 800 mots, si vous avez mis 9 minutes pour le lire, soit 540 secondes, vous avez lu à une vitesse de :

$$\frac{3\,800 \times 60}{540} = 422 \text{ mots/minute}$$

4. Repérez quel type de lecteur vous êtes grâce au tableau ci-dessous :

Lecteur	Vitesse horizontale de lecture complète en mots/minute
Lent	150-200
Moyen	200-300
Rapide	300-400
Performant	400-800

ÉLARGIR SON CHAMP DE LISIBILITÉ

Dans un premier temps, vous allez vous entraîner à passer d'une lecture mot à mot à une lecture par groupes de mots : vous élargirez ainsi votre champ de lisibilité. Vous conditionnerez ensuite vos yeux et votre mental à anticiper le sens qui se dégage globalement de la ligne, comme le musicien exercé anticipe la lecture de sa partition pour jouer la mélodie avec son instrument d'une seule traite. D'une étape à l'autre, laissez-vous guider !

Rythmer sa lecture

Pourquoi utiliser un crayon pour guider vos yeux ?

C'est le rythme soutenu et régulier du déplacement des yeux sur un texte qui permet de voir plus de mots à la fois et d'éliminer les mouvements visuels inutiles qui déconcentrent et ralentissent. Votre seule volonté ne suffirait pas à orienter efficacement vos yeux. Le crayon est l'intermédiaire entre votre conscience et votre potentiel visuel : il sert à canaliser l'énergie du nouveau conditionnement physiologique opéré sur votre appareil perceptif.

Apprenez d'abord à vous déplacer sur les lignes d'un texte de façon parfaitement automatique et cadencée, à la manière d'un cycliste qui avale les kilomètres en pédalant régulièrement. C'est ainsi que vous parviendrez à percevoir le sens de plusieurs mots en même temps. Rappelez-vous que le sens n'est pas dans le mot en soi, il est dans la phrase.

- **Prenez un texte facile à lire,** comme un roman ou un texte professionnel sur un sujet que vous connaissez bien.
- **Munissez-vous d'un crayon** et passez-le sous les lignes du texte tout en vous concentrant sur le sens des mots.

Commencez à lire votre texte pendant quelques minutes, en suivant chaque ligne

avec le crayon, d'un mouvement continu, et à une vitesse

qui ne vous demande pas d'effort particulier. Après cette mise

en route, augmentez la vitesse de balayage de votre crayon, de façon

à entraîner le mouvement de vos yeux. Ensuite, raccourcissez

la matérialisation du parcours, de façon à assouplir votre mouvement.

Accélérez jusqu'à atteindre la limite de votre compréhension.

Attention, avant d'aller plus loin, sachez que ce sont vos yeux qui doivent suivre votre crayon, et non l'inverse ! Forcez-vous par ailleurs à déplacer vos yeux sans régression, de plus en plus vite selon un parcours prédéterminé et plus précis. Puis, accélérez progressivement la vitesse du balayage et réduisez la matérialisation de votre parcours.

Vous serez alors capable de réaliser 2 fixations sur une ligne de livre de poche (ou 3 sur un texte de format A4), chacune d'elles englobant en moyenne 25 caractères, soit 5 mots.

Progresser par escalier

Il faut environ 12 heures d'entraînement pour parvenir à de nouveaux automatismes. Il est donc très important de persévérer, même si vous ressentez de l'inconfort au début. D'abord, augmentez votre vitesse de balayage en acceptant une légère sensation de moindre compréhension. Puis maintenez la vitesse : vous vous apercevrez bientôt que la compréhension s'améliore à nouveau.

Pour réussir, avancez par étapes :

• Attaquez-vous d'abord à la vitesse puis à la compréhension : l'entraînement vous permettra de reculer vos limites.

• Obligez-vous à repousser vos limites de compréhension car, à chaque nouvelle tentative, vous stabiliserez le mécanisme à un niveau supérieur de performance.

• Augmentez de nouveau votre vitesse de balayage avec le crayon jusqu'à atteindre la vitesse plafond du parcours horizontal qui se situe aux environs de 800 mots par minute.

Une fois ces étapes parfaitement maîtrisées, vous pourrez alors vérifier votre compréhension.

Vérifier sa compréhension

En dernier lieu, pour vous inciter à poursuivre assidûment l'entraînement, assurez-vous qu'en lisant de cette façon, votre compréhension reste satisfaisante, même si vous en doutez *a priori*.

Programmer son entraînement

Pour bien vous entraîner, efforcez-vous de suivre les quelques règles suivantes :

→ Entraînez-vous par séquence de 10 à 30 minutes, le plus régulièrement possible.

→ Relaxez vos yeux après chaque entraînement. Dans un fauteuil, confortablement assis, appliquez les paumes de vos mains sur vos yeux fermés et, avec le tranchant, suivez l'arrête de votre nez, les doigts légèrement superposés sur le front.

→ Répétez l'exercice jusqu'à ce que le mouvement de vos yeux ainsi sollicités devienne agréable.

• **Après vos 10 minutes de lecture,** et après vous être reposé les yeux (voir encadré ci-contre), prenez une feuille et résumez par écrit ce qu'il vous reste de ce que vous venez de lire.

• **Ne paniquez pas si c'est le trou noir :** prenez votre temps, vous verrez que, petit à petit, cela vous revient.

• **Une fois cette restitution terminée,** retournez au texte que vous avez lu et parcourez-le tranquillement.

• Stabilisez la vitesse du balayage sans vous lancer de nouveaux défis. **Si vous estimez que vous avez manqué quelque chose,** à la prochaine séquence d'entraînement, prenez le temps de l'intégration.

• **Rappelez-vous que tout apprentissage est fait de progrès rapides dans les premiers temps puis de phases de stagnation :** ce sont elles qui permettent l'acquisition des nouveaux automatismes. Chacune d'elles sera suivie d'une nouvelle phase de progression, et ainsi de suite.

À ce stade, vous maîtrisez le balayage horizontal qui consiste à « scanner » de façon régulière l'ensemble du texte écrit, ligne après ligne. Préparez-vous à passer à la vitesse supérieure.

Des volets de sécurité

Vos yeux sont dotés d'un système qui les protège des agressions extérieures. Ce sont les paupières qui se ferment spontanément dès qu'un danger paraît menacer l'œil (réflexe palpébral), comme des volets antichocs.
C'est le liquide lacrymal qui maintient vos yeux dans un état de parfaite propreté grâce au puissant bactéricide qu'il contient (le lysozyme).
Vos yeux ont aussi besoin d'être humidifiés régulièrement puisqu'ils sont en contact permanent avec l'air extérieur. C'est le cillement de vos paupières qui répand le liquide lacrymal sur la cornée et sur la conjonctive, protégeant ainsi l'iris et le cristallin.

PROGRESSER EN TOUTE CONFIANCE

Si vous essayez de lire vite sans envie ni besoin, vous n'y arriverez pas, car les entraînements sont déstabilisants. Vous en sortirez rempli parfois de doutes et de craintes : doutes sur votre potentiel visuel, peur de rater des informations, angoisse de ne plus rien comprendre. Pour éviter cette situation, devenez votre propre coach : fixez-vous des objectifs de résultats, accompagnez vos progrès de confirmations, de certitudes, de réassurance, donnez-vous le courage de persévérer pour devenir un vrai lecteur rapide.

Gagner en assurance

Premier obstacle à surmonter sur votre route : le manque de confiance en vous. Si le texte que vous devez lire est réputé difficile ou l'enjeu de votre lecture particulièrement important, comme restituer une synthèse à votre manager ou en réunion devant vos collègues, il est naturel que vous ayez des craintes. Résultat : vous ralentissez prudemment votre allure à la première difficulté. La peur de ne pas comprendre vous déstabilise et vous empêche d'accéder au sens. Alors, comment faire face ?

Premièrement : prendre ses distances par rapport au texte

Pour réussir à appliquer les bonnes techniques visuelles et à vous concentrer sur le sens, vous devez être décontracté. Pour cela :
- apprenez à relativiser l'enjeu d'une lecture ;
- regardez le texte pour ce qu'il est, une source d'information à votre disposition pour votre propre bénéfice ;
- soyez certain que grâce à une bonne agilité visuelle et des techniques éprouvées, vos progrès sont garantis.

Deuxièmement : se libérer des idées reçues

Non, une lecture rapide n'est pas une lecture superficielle qui mène tout droit au contresens. Certes, vous ressentez peut-être une certaine difficulté à vous défaire de votre application. Mais prenez conscience que les enjeux ont changé. Le temps où vous appreniez à lire sur des morceaux de textes choisis par vos professeurs dans les livres scolaires est révolu. Aujourd'hui, il ne s'agit plus d'apprendre à lire mais de vous frayer un chemin dans une énorme masse d'informations les plus diverses. Or, dans cette jungle, c'est de vous seul que dépend la sélection des informations. Dites-vous bien que la lecture rapide est pragmatique, conçue pour vous permettre d'augmenter votre autonomie, votre satisfaction et votre efficacité sur des textes que vous avez envie de lire ou qui vous sont imposés.

Savoir prendre de la hauteur

Dans ses *Propos sur l'éducation*, en 1932, le philosophe Alain disait déjà : « Celui qui ânonne sur un mot difficile, rompt la pensée en petits morceaux [...]. Il faudrait lire des phrases qui passent sur un écran ou qui seraient montrées un moment, puis cachées, ensuite on écrirait ce qu'on a lu... on reconnaîtrait d'un regard un mot comme on reconnaît quelqu'un. On gagne ou l'on perd et l'on recommence. Voilà qui réveille... »

Troisièmement : chasser la crainte de son esprit

Quand vous lisez un paragraphe en diagonale, si l'idée principale ne vous saute pas aux yeux, vous pensez instantanément qu'un détail d'importance vous a échappé du fait de votre lecture rapide. Ce qui vous amène à revenir en arrière : mauvais réflexe ! Procédez autrement :

- allez toujours de l'avant dans un texte : ce que vous croyez avoir raté se retrouve toujours plus loin formulé d'une autre façon ;
- chassez de votre esprit toute autre préoccupation que celle de vous concentrer au maximum sur les consignes d'entraînement ;
- s'il vous reste un doute, levez-le en relisant quelques passages pour vous administrer la preuve de votre efficacité.

Autrement dit, soyez plus souple dans votre approche de la lecture !

Augmenter sa flexibilité

Quand vous lisez, vous ne pouvez pas avoir le même rythme, les mêmes attitudes, la même concentration lorsque vous abordez un article de journal ou un dossier professionnel, un texte juridique ou un roman policier. Vous serez performant si vous acceptez le fait que sur des documents différents et même sur un seul document, plusieurs types de lecture sont possibles et appropriés.

Alterner les méthodes pour mieux comprendre

Dès le début de vos tentatives, entraînez-vous à pratiquer alternativement un type de lecture puis l'autre, en particulier si vous doutez de votre compréhension. N'oubliez pas que pour mieux comprendre, mieux vaut lire 2 fois vite plutôt qu'une fois lentement.

• Prenez un texte professionnel : note, dossier, lettre de fournisseur ou de client, etc.

• Avec votre crayon, lancez-vous dans le balayage horizontal rapide et cadencé jusqu'à la fin du texte.

• Si vous avez un doute :
- relisez le même texte en diagonale de haut en bas des pages et de bas en haut pour vérifier si vous captez des informations supplémentaires ;
- ou lisez le texte une deuxième fois à l'horizontale, mais en accélérant encore la vitesse du balayage.

Adopter sa méthode préférée

Choisissez les techniques visuelles qui vous conviennent le mieux. Observez vos sensations, vos réactions.

• Multipliez les essais de pratiques visuelles différentes, une fois l'inconfort des premières tentatives dépassé.

• Repérez vos facilités et vos points faibles en matière de vitesse et de compréhension.

• Cherchez à progresser en ciblant un point faible à améliorer à chaque nouvelle tentative : le timing, le nombre de pages lues sur une même durée, l'exactitude de votre repérage, la sensation d'aisance...

Plus vous serez flexible et plus vite vous atteindrez vos objectifs.

Se fixer des objectifs de résultats

Si vous ne savez pas à l'avance quel niveau de performance vous voulez atteindre, vous risquez de gaspiller votre énergie pour rien et de vous décourager, alors que tout entraînement suppose au contraire de redoubler de concentration. Pour éviter cette situation, établissez soigneusement votre programme d'entraînement.

Savoir d'où l'on part et à quoi on veut arriver

Si votre vitesse moyenne de lecture complète se situe entre 200 et 300 mots/minute, fixez-vous l'objectif de monter jusqu'à 500 ou 600 mots/minute :

- à chaque séance d'entraînement, efforcez-vous de gagner 50 mots. Mesurez votre temps, faites le calcul vitesse/mots/minute et constatez les progrès ;
- tenez un tableau de bord de vos progrès afin de vous donner l'envie d'aller plus loin, de fournir les efforts nécessaires jusqu'au résultat final.

Se fixer des objectifs de moyens

À combien de séances d'entraînement devez-vous vous soumettre ? À quelle fréquence ? Sur quels types de documents ?

- Répartissez les 12 heures d'entraînement nécessaires de façon à doubler votre vitesse de lecture complète en 24 séquences de 30 minutes.
- Choisissez un texte professionnel, un livre d'idées ou un roman, dans tous les cas accessible. Respectez un programme d'entraînement quotidien.
- En ce qui concerne la presse, interdisez-vous de la lire en retombant dans vos anciennes habitudes.

Sportifs de haut niveau, comédiens, artistes de cirque, tous s'accordent à relier la performance à un programme d'entraînement intensif. En matière de lecture rapide, mêmes moyens, mêmes effets garantis.

ÉVALUER CE QUE L'ON LIT

Votre cerveau évalue en permanence votre environnement. Vous jugez, vous gardez ou vous laissez. Ce mécanisme se déclenche automatiquement, que vous observiez des lieux, que vous écoutiez quelqu'un parler ou que vous lisiez. Dans l'acquisition de la lecture rapide, il vous faudra renforcer ce processus naturel pour retirer le plus possible de vos lectures. Mais attention aux jugements trop hâtifs !

Comprendre mieux en interprétant moins

Personne n'échappe à sa propre subjectivité. Vous, comme d'autres, cherchez spontanément à vous conforter dans vos opinions personnelles. C'est humain ! Mais en l'absence de tout contrôle, vous risquez de comprendre ce que vous aimeriez trouver dans un texte au lieu d'y voir ce qui est réellement écrit. Pour contrer ce risque de dérive subjective, veillez à rester ouvert et réceptif à d'autres logiques que la vôtre et développez votre sens de l'objectivité.

• Soyez ouvert et réceptif au sujet traité. À l'écrit comme à l'oral, il n'existe qu'un seul moyen de réduire les risques d'interprétation ou de déformation de la pensée de l'auteur (comme d'un interlocuteur), c'est l'attitude d'empathie. Elle est définie par les psychologues comme un état d'esprit bienveillant a priori à l'égard du message qui vous est envoyé et de la personne qui vous l'envoie. Appliquez cette définition à la lecture.

• Essayez de comprendre le message du point de vue de son auteur : replacez-le dans son contexte, situez-le par rapport à une certaine actualité. Dépouillez-vous ainsi de vos a priori ou de vos idées préconçues avant chaque lecture.

• Ne plaquez pas votre propre grille de conceptions sur le texte, comme un tamis qui ne laisse passer que les pépites. Restez neutre tant que vous n'avez pas lu tout le texte : ne soyez ni polémique ni systématiquement hostile ou inconditionnel.

• Aidez-vous de la technique de questionnement : préparez votre lecture avec des questions fermées et ouvertes, plutôt qu'alternatives.

Programmer ainsi votre mental suppose effort et vigilance. Pratiquez cette neutralité volontaire avant tout pour éviter les contresens majeurs durant votre lecture. Sachez qu'un tel état d'esprit n'exclut pas toute forme de jugement critique, bien au contraire. Simplement, il vous empêche de l'exercer de façon prématurée, c'est-à-dire avant d'avoir terminé la lecture du texte.

De l'empathie pour faciliter la lecture active

Définie pour la première fois par le psychologue allemand Lipps (1851-1914) au sens de « sentir de l'intérieur », le psychologue américain, Carl Rogers, en 1960, fera de l'empathie la qualité majeure de l'écoute active : rester indépendant sur le plan émotionnel tout en se concentrant sur le sens de ce qu'attend et veut dire l'interlocuteur dans sa propre logique.

Stimuler son esprit critique

Si vous vous laissez piéger par le caractère en apparence passif de la posture de lecture, vous courez deux risques : soit d'enregistrer mécaniquement des informations en les prenant pour argent comptant, sans les questionner, soit de vous cantonner à un registre de textes réduit à vos seules affinités. Pour élargir vos perspectives, pratiquez une évaluation qualitative en deux temps.

- **Portez d'abord une évaluation objective sur le contenu du texte et sur les intentions de l'auteur :**
  - Évaluez l'information elle-même : est-elle exacte ? Contrôlable et donc acceptable ?
  - Jugez l'interprétation que l'auteur donne de certains faits : comment il les explique, ce qu'il en déduit.
  - Interrogez-vous sur l'intention de l'auteur : que veut-il vous faire croire ou faire ? Cherche-t-il à vous persuader ou seulement à vous informer ?
  - Comparez les informations du texte à celles d'un autre texte sur le même sujet : confrontez-les ou rapprochez-les ; qu'en déduisez-vous ?
  - Évaluez la forme, le style du texte : est-il correctement construit et correctement formulé ? Avez-vous pu accéder facilement aux idées principales ?
- **Ajoutez ensuite votre jugement entièrement subjectif :**
  - Formulez l'impression que vous laisse ce texte : l'avez-vous aimé ou pas et, surtout, pourquoi ?

- Prononcez-vous sur les intentions de l'auteur : sont-elles acceptables ?
- Discutez les opinions de l'auteur : quelles sont vos objections ? Vos arguments ?
- Faites la part des choses : avez-vous besoin de lire d'autres textes sur le même sujet pour vous aider à compléter vos informations ou à relativiser votre point de vue personnel ou à le renforcer ?

Toutes vos lectures sont susceptibles d'entraîner des prolongements fructueux. Organisez une progression cohérente dans votre accès à l'information.

Écrivez en même temps que vous lisez

Le sens d'un texte peut paraître évident sur le moment ; il peut donc vous paraître inutile de faire l'effort d'une reformulation. Mais avec le temps, tout s'estompe, même ce qui est bien compris. Prenez l'habitude de résumer systématiquement ce que vous lisez pour le fixer en mémoire et pouvoir vous y reporter en cas de besoin.

Pouvez-vous rapidement détecter des informations particulières dans un texte ?

1. **Objectif de l'exercice : dans chaque paragraphe ci-dessous, détectez d'abord le thème général auquel sont associées les expressions puis tout aussi rapidement, repérez « l'intrus », c'est-à-dire l'expression qui n'appartient pas à ce thème. Cochez-la et passez vite au paragraphe suivant.**
2. **Consignes visuelles : utilisez un balayage diagonal. En vous guidant avec votre crayon, partez en haut à gauche et descendez en bas à droite ; remontez à la verticale en haut à droite et redescendez en bas à gauche. En 12 secondes, vous devez avoir repéré tous les intrus. Déclenchez votre chronomètre en commençant et arrêtez-le en fin d'exercice.**

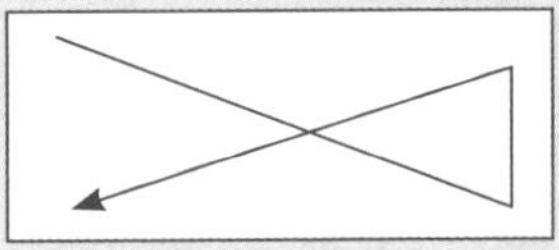

Aller à la pêche à la crevette. Un bain de soleil.
Faire du pédalo. Il y a des moutons sur la mer.
Une bouée de sauvetage. Une plage privée.
Des abricotiers en fleur. Un fort vent de sable.
N'allez pas trop loin ! Gare aux lames de fond.

Insuffisance des installations sportives.
Délégué à la Jeunesse et aux Sports.
Un match de volley-ball. Question chirurgicale.
Premier slalom géant de la saison.
Les Jeux olympiques. Au stade municipal.
Le Tour de France. La piste de bobsleigh.

Esquimaux à la vanille. Les Oiseaux de Hitchcock.
Festival du film fantastique. Sortie de secours.
Cinéma d'art et d'essai. Un cinéma de quartier ouvert.
Le septième art. Le travail c'est la santé. Les toilettes.
Un pourboire pour l'ouvreuse. Festival de Cannes.

Apprendre à lire et à écrire. Mon premier livre de calcul.
Sur le tableau noir. La maîtresse lit la dictée à voix haute.
La méthode globale. Consulter une cartomancienne.
Renverser l'encre sur son tablier. Une page d'écriture.
La cour de récréation. Épeler l'alphabet à haute voix.

Préparer un court-bouillon. Le ris de veau financière.
Le faisan sur canapé. Servez chaud. Buvez froid.
Le turbot sauce hollandaise. Spécialité d'escargots.
Le canard à l'orange. Une salade chinoise avec soja.
Bayer aux corneilles. Un bon steak haché et des frites.

La statue de la Liberté. Manhattan. Sur la côte Est.
Le pont de Brooklyn. Illuminations à Broadway.
Baisse au Stock Exchange. Le plus haut gratte-ciel.
Au palais des Nations unies. Émeutes à Harlem.
Greenwich Village. Nous irons tous à Acapulco.

Pour connaître le résultat de votre autoévaluation, reportez-vous à la page 257.

L'essentiel

Lire vite et bien, c'est aborder autrement les textes pour stimuler son attention et son intérêt ; c'est aussi s'entraîner régulièrement pour assimiler les bonnes méthodes, consolider sa compréhension et gagner en confiance.

Repérer les éléments clés
S'arrêter sur les seuls mots porteurs de sens en distinguant les mots vides et les mots pleins.

Prendre de la hauteur
Ne pas hésiter à utiliser un crayon pour commencer à s'entraîner. Répéter régulièrement les entraînements et s'autoriser après chacun d'eux des instants de relaxation.

Étendre le spectre de sa vision
Progresser d'abord en vitesse de lecture pour augmenter le nombre de mots photographiés dans un espace donné avant de vérifier sa capacité de compréhension.

Progresser en toute confiance
Prendre du recul face aux enjeux de lecture et aux préjugés. Lecture rapide ne rime pas avec lecture superficielle.

Prendre conscience de son accélération
Aborder les textes objectivement et se poser les bonnes questions pour comprendre les intentions de l'auteur.

-2-

JE VOULAIS TE PARLER DU ... HUEE SI TU VOIS CE QUE JE VEUX DIRE, JE ME SUIS DIT QUE PEUT-ÊTRE...
NE TOURNE PAS AUTOUR DU POT, VA A L'ESSENTIEL

Maîtriser les situations chronophages

Mettre en place
les conditions d'une réunion productive

Devenir
un décideur et un négociateur hors pair

Gérer
les urgences et les imprévus

Introduction

Dans cette deuxième partie, découvrez toutes les activités professionnelles qui, régulièrement, vous font perdre un temps précieux : une réunion qui s'éternise inutilement, des négociations qui traînent en longueur, une décision importante pourtant maintes fois reportée, des imprévus qui perturbent votre emploi du temps… Sachez qu'il existe des outils et des méthodes pour gérer avec efficacité toutes ces situations !

Pratique et opérationnelle, *La bible pour bien gérer son temps* vous propose un accompagnement sur mesure :

- Comment préparer et animer des réunions productives ?
- Comment faire les bons choix, rapidement et sereinement ?
- Comment aller à l'essentiel dans ses négociations ?
- Comment gérer les urgences ?
- Comment mobiliser ses ressources pour faire face aux imprévus ?

Maintenant, c'est à vous de jouer !

1

Mener des réunions constructives

Évaluer
l'utilité
d'une réunion

S'entourer
des bonnes
personnes

Maîtriser
les techniques
d'animation

S'ASSURER DE L'INTÉRÊT DE LA RÉUNION

La réunion constitue un excellent outil de management, à la seule et unique condition qu'il en sorte quelque chose d'utile, de concret. L'organisation d'une rencontre entre collaborateurs doit en effet viser un objectif précis : résolution de problèmes, transmission d'informations d'un point à un autre de l'entreprise, brainstorming... Avant toute concertation, vous devez donc vous assurer que la tenue de la réunion constitue une étape indispensable à la suite des événements, un préalable nécessaire au bon fonctionnement du service.

Éviter la « réunionite »

Trop de réunions tuent les réunions ! Dénoncé dans bien des entreprises, l'excès est aussi lassant que contre-productif. Cette « réunionite » fait perdre du temps : à vous comme à vos collaborateurs. Elle ne sert à rien et peut même démotiver les participants. Mieux vaut donc vous poser en amont certaines questions sur la pertinence de votre choix.

La réunion est inutile si :

• **Vous ne l'avez pas préparée.** Primo, parce que vous seriez dans l'incapacité de l'animer correctement ; secundo, parce que cela signifierait que cette réunion n'a pas d'objectif assigné. Pas de risque dans ce cas d'en ressortir avec un résultat tangible et exploitable.

• **Elle est organisée parce que c'est l'habitude.** La nécessité professionnelle doit obligatoirement conditionner la tenue d'un rassemblement. La sempiternelle réunion du mardi où chacun se rend comme s'il allait à la cafétéria n'est d'aucune vertu pour l'entreprise. Perçue comme un pensum, elle peut même rapidement ternir votre réputation : un manager qui mobilise l'énergie de son équipe pour une réunion sans objectif fait ici la preuve de son inefficacité.

• **La décision, à laquelle son contenu va être consacré, est déjà prise.** Rien de plus démotivant en effet pour les participants que de venir à une rencontre en sachant qu'elle ne servira à rien. Même si la connaissance de la décision finale n'est connue que de vous, peut-être apprendront-ils a posteriori que les dés étaient jetés. Évitez donc ce genre d'impair.

- **Les résultats prévisibles sont d'ores et déjà inexploitables.** Ici, c'est à la racine du problème qu'il vous faut chercher la solution : une réunion n'y changera rien.

- **Vous pouvez utiliser un autre moyen de communication.** Grande consommatrice de temps, d'organisation et d'énergie, la réunion doit être initiée pour ses qualités intrinsèques (massification de la réflexion, transmission globale d'un message, rassemblement des collaborateurs impliqués dans la problématique). Si une simple communication (par courrier, mail, téléphone ou mémo) suffit, c'est que la réunion n'est pas utile.

Pour tous ces cas, inutile de perdre du temps à regrouper vos collaborateurs. Avant de vous lancer dans l'organisation d'une réunion, prenez toujours le temps de vous interroger sur son utilité.

Rechercher l'utilité

Une réunion, lorsqu'elle est organisée pour de bonnes raisons et bien menée, peut avoir un intérêt formidable pour votre équipe (voir encadré ci-après). Mais cela ne doit pas être le fruit du hasard.

Une réunion est indispensable si :

- **Vous devez transmettre une information à plusieurs personnes,** et qu'aucun autre moyen ne s'y prête (mail, affichage, mémo).

- **Vous voulez recueillir les avis de tous et les faire connaître de tous simultanément.**

- **Vous devez résoudre un problème ou chercher des idées, des solutions.** Il y a bien sûr plus d'idées dans dix têtes que dans une ! En sollicitant les avis et les réflexions de vos collaborateurs, vous vous donnez les moyens d'apporter à votre problématique la réponse la mieux adaptée et la plus pertinente.

- **Vous devez obtenir l'adhésion de vos collaborateurs sur une politique spécifique.** Pour préparer votre équipe à des événements ou des décisions imposées de l'extérieur (de votre hiérarchie, par exemple) et la fédérer sur ce sujet, la réunion peut s'imposer comme un vecteur de communication efficace, car obtenir un consensus dans ce cas de figure n'est jamais simple. Pour convaincre vos collaborateurs et les faire participer au débat, plusieurs réunions seront peut-être nécessaires pour les amener à adhérer au projet.

- **Vous cherchez à créer une dynamique** dans le groupe des participants.

Savoir si une réunion présente ou non un intérêt est une question qui va tellement de soi qu'on oublie malheureusement trop souvent de la poser. Si bien qu'aujourd'hui, être en réunion signifie généralement perdre son temps. Changez ces (mauvaises) habitudes pour redonner du rythme à votre travail en équipe.

Les atouts de la réunion

→ Une communication simultanée auprès de plusieurs participants.
→ Une rencontre riche en convivialité, génératrice de chaleur humaine et de cohésion d'équipe.
→ La multiplication des pistes de réflexion.
→ Une rencontre en direct favorisant des décisions et des échanges rapides.
→ Des échanges favorisés entre des intervenants qui n'ont pas toujours la possibilité de confronter leurs avis.

Savez-vous évaluer l'utilité d'une réunion ?

Dans les cas suivants, dois-je – ou non – organiser une réunion ?

Événement déclencheur

Oui Non **1 •** Je modifie l'organisation du service et souhaite en informer l'ensemble des personnes concernées.

Oui Non **2 •** Un nouveau chargé de clientèle a été recruté dans le service, j'organise une réunion pour le présenter aux autres salariés.

Oui Non **3 •** Constatant une augmentation des accidents de travail à cause d'un relâchement dans l'application des consignes de sécurité, je veux en comprendre les raisons.

Oui Non **4 •** Pour développer l'entrisme dans les différents grands comptes, j'organise une réunion transverse entre les responsables des business units.

Oui Non **5 •** De nouveaux objectifs individuels ont été fixés à certains collaborateurs, j'organise une réunion avec toute l'équipe pour en expliquer les raisons.

Oui Non **6 •** Deux collaborateurs de l'équipe ne respectent pas les consignes d'hygiène et de sécurité dans le laboratoire d'analyse, je réunis toute l'équipe pour un rappel à l'ordre général.

Oui Non **7 •** À l'occasion d'un changement de logiciel de gestion comptable, j'organise une réunion préliminaire entre le marketing, la vente et la comptabilité.

Oui Non **8 •** Pour faire le point sur les contacts commerciaux en cours, j'organise une réunion hebdomadaire avec l'ensemble des chargés de développement.

Pour connaître le résultat de votre autoévaluation, reportez-vous à la page 258.

BIEN CHOISIR LES PARTICIPANTS

Convier les mauvais collaborateurs à une réunion, c'est inévitablement signer l'échec de la rencontre ! En effet, les participants ne se sentant pas concernés ne pourront y contribuer de façon constructive et efficace. En outre, ils risquent fort de vous en vouloir de les tenir éloignés de dossiers plus urgents, de leur faire perdre leur temps... Voyez donc comment procéder pour réussir votre casting.

Sélectionner par les compétences

La réflexion sur les membres de la réunion est essentielle : toutes les réunions de travail vous obligent à convier un certains nombre de collaborateurs en fonction de leur profil professionnel. Bien sûr, dans le cas d'une conférence, la question ne se pose pas. Vous êtes face à un vaste public, avec des participants de tous horizons.

S'entourer des bonnes personnes

Sélectionner les bons interlocuteurs revient à les choisir en fonction de :
- leurs compétences ;
- leur connaissance du dossier ;
- leur intérêt pour le sujet ;
- leur désir d'apprendre ;
- leurs aptitudes à participer à une réunion de groupe et à faire progresser le groupe.

Convier les intéressés et eux seuls

Les intervenants doivent être impliqués dans le sujet et leur présence ne se justifie que parce qu'ils peuvent ou doivent apporter un élément de solution au problème posé. Oubliez les invitations de circonstance ou « politiques » : « J'invite Untel parce qu'il dirige le service dans lequel travaillent X et Y. » Cette sélection rigoureuse est d'autant plus justifiée qu'une présence inutile peut faire perdre leur temps aux « invités » non concernés par le sujet...

Résistez aux demandes de ceux qui voudraient assister à la réunion, pour des raisons qui vous échappent. Usez de tact pour les éconduire mais tenez-vous en à votre projet initial.

Résister aux pressions

La conduite de réunion revêt parfois une dimension diplomatique qui peut être délicate à gérer. Il n'est pas rare de recevoir les « bons conseils » de certains collaborateurs informés de la tenue d'une réunion par laquelle ils ne sont pourtant pas concernés : « Ah, tu fais une réunion sur la qualité du service rendu aux clients ? Je suppose que tu as invité le chef du service après-vente ! », ou bien : « Surtout, n'invite pas Untel, il est de mauvais conseil ! » ne manquera ainsi pas de vous suggérer, au détour d'un couloir, un collaborateur « bien intentionné » dans le meilleur des cas, perfide ou jaloux dans le pire des cas.

Neutraliser la capacité de nuisance de certains

Il est parfois inévitable de convier des participants « difficiles » à une réunion, qui va vous contraindre à faire cohabiter des caractères opposés, voire à concilier des inimitiés lors d'une même rencontre de travail.

Optez par exemple pour la constitution de sous-groupes de travail à l'intérieur de la réunion, en répartissant au sein de chaque atelier les intervenants par affinité.

Misez sur votre expérience et vos qualités d'animation pour trouver la meilleure formule dans les cas où vous ne pouvez pas choisir les collaborateurs à inviter (car leur présence est indiscutable).

Une fois la liste des participants établie, envoyez les invitations sans oublier l'ordre du jour, ainsi qu'un contact à joindre pour toute information complémentaire. Puis, pour optimiser votre préparation, familiarisez-vous avec les différents types de personnalités susceptibles de s'exprimer le jour J.

Identifier les principaux types de comportements

Un animateur peut avoir à faire face à de nombreux comportements différents au sein d'une même réunion dont voici les principaux :

- **Le leader** est, de loin, le plus complexe à gérer. Sa capacité à tirer les autres dans son sillage peut le conduire à vous subtiliser la maîtrise de la réunion. **Canalisez ses ardeurs dès le début** afin de garder la main sur la rencontre lorsqu'il prend la parole.

- Le producteur prend part au contenu et propose des idées nouvelles. Il livre volontiers son avis et sait faire des choix entre plusieurs alternatives : **mettez-le à contribution dès que la réunion s'essouffle**.

- Le facilitateur aime que les discussions progressent. Conciliant, il pousse les intervenants à s'accorder et est toujours en recherche du compromis. Il souhaite gommer les conflits, les divergences : **n'hésitez pas à le faire intervenir lorsque les débats sont tendus et qu'il faut trouver une voie médiane entre des arguments contradictoires**.

- Le suiveur n'apporte pas d'élément nouveau. Il fait de son mieux pour coopérer et participer au groupe. Son apport n'est jamais décisif pour faire avancer la discussion : **posez-lui des questions ouvertes pour l'inciter à s'investir, à se livrer. Laissez-lui un peu plus de temps pour répondre aux questions**.

- Le passif ne manifeste aucune réaction, s'ennuie et attend juste que la réunion s'achève. S'il ne gêne pas le déroulement de la rencontre, il ne la fait pas progresser pour autant, sauf s'il est explicitement interrogé : **sollicitez-le régulièrement au cours de la réunion. Votre objectif : lui montrer qu'il est concerné, car son inertie pourrait faire tache d'huile**.

- L'enquêteur est toujours en recherche d'explications. Il est demandeur de détails, d'informations, jusqu'à se noyer parfois dans l'investigation : **répondez à ses questions** dans la mesure du possible (elles peuvent aider à la compréhension générale du groupe), mais **renvoyez à plus tard des réponses qui demanderaient de trop s'écarter de l'essentiel**. Expliquez-en lui les raisons !

- L'opposant part du principe que la réunion ne permettra pas de résoudre le problème ou n'a, *a priori*, pas lieu d'être. Résultat : un contre-pied systématique de tout ce qui s'y dit. Il se cantonne à la critique et ne propose aucune solution positive : **retournez-lui ses arguments sous forme de questions**, pour le forcer à sortir de sa spirale de contre-propositions (« Que souhaiteriez-vous ? », « Que proposez-vous ? »).

Grâce à cette liste, vous serez en mesure de faire face à certaines réactions potentiellement déroutantes. Vous saurez également quels outils de management les mieux adaptés choisir parmi la liste des accessoires clés.

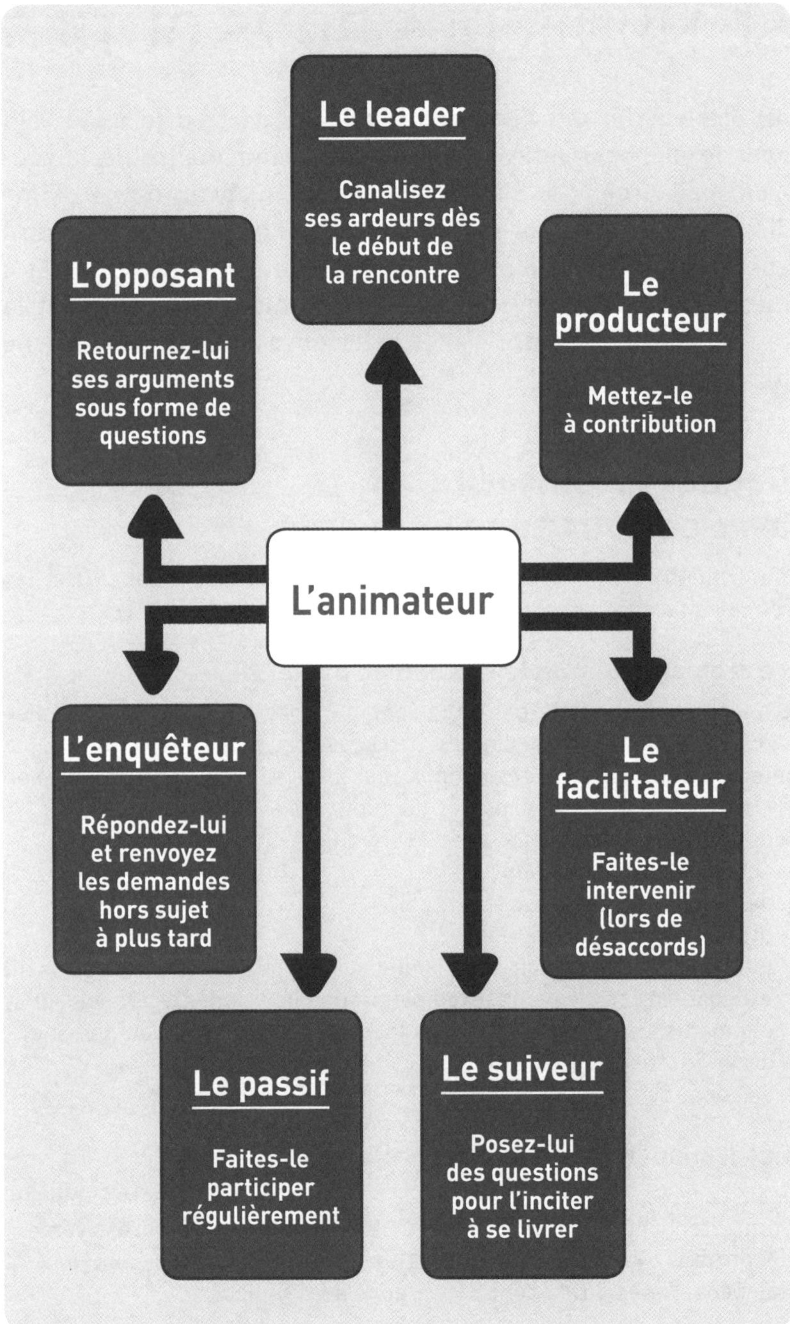
Le leader
Canalisez ses ardeurs dès le début de la rencontre
L'opposant
Retournez-lui ses arguments sous forme de questions
Le producteur
Mettez-le à contribution
L'animateur
L'enquêteur
Répondez-lui et renvoyez les demandes hors sujet à plus tard
Le facilitateur
Faites-le intervenir (lors de désaccords)
Le passif
Faites-le participer régulièrement
Le suiveur
Posez-lui des questions pour l'inciter à se livrer

SE MUNIR DES BONS OUTILS

Au bon ouvrier les bons outils, dit l'adage ! La formule vaut pour le manager efficace qui entend rester maître de la réunion qu'il organise. S'il vous manque, au beau milieu d'une discussion animée ou d'un brainstorming productif, le feutre qui vous permettra d'inscrire au tableau les idées au fur et à mesure qu'elles arrivent, vous compromettez évidemment la réussite de la rencontre. Faites la liste des accessoires clés à ne pas oublier.

Gagner en efficacité avec de bons supports écrits

L'utilisation de supports écrits en parallèle aux discussions dans les réunions facilite la compréhension des participants.

Le tableau blanc ou le tableau de papier

C'est le support numéro 1 de la réunion. Pratique et informel, il aide à insister sur les points clés de la discussion, tout en permettant une interprétation visuelle des propos (qui favorise ainsi la mémorisation de l'auditoire). Pour en exploiter au mieux les avantages, pensez à :
- prononcer ce que vous écrivez au moment où vous le notez ;
- écrire gros et lisiblement ;
- développer un sujet par feuille ;
- titrer chaque nouvelle feuille ;
- utiliser et respecter un code couleur, que vous aurez préalablement expliqué aux participants (exemple : rouge pour les titres ou les soulignements, vert pour les relations logiques, noir ou bleu pour le texte) ;
- gérer l'espace de la feuille en centrant ;
- dessiner des graphiques.

Les transparents et le rétroprojecteur

Transparents et rétroprojecteurs sont de moins en moins utilisés, l'ordinateur et le vidéo-projecteur s'y substituant progressivement désormais. Toutefois, nombre de salles de réunion en sont encore équipées. Vous pouvez donc être amené à les utiliser.

L'ordinateur et le vidéo-projecteur

Les avantages de l'ordinateur portable ne sont plus à démontrer dans les entreprises ! Rares sont aujourd'hui les managers qui parviennent à travailler sans. Outre que vous pouvez préparer directement sur votre ordinateur le contenu de votre exposé, il vous suffit ensuite d'en projeter la présentation sur un mur via un vidéo-projecteur.

- **Utilisez une télécommande sans fil** pour ne pas avoir besoin de rester à proximité de l'ordinateur pour les changements d'affichage à l'écran.
- **Servez-vous d'un pointeur** laser pour accentuer une idée, ou souligner les points importants de votre démonstration. Mais n'en abusez pas : son utilisation exagérée devient rapidement agaçante.
- **Quel que soit le matériel utilisé, vérifiez-en le fonctionnement avant la réunion** (branchement, connexion Internet, micro, éclairage). Tâtonner dans les fils électriques pendant 10 minutes avant de pouvoir présenter votre exposé vous décrédibilisera à coup sûr et risquera de faire sourire à vos dépens l'auditoire. Une bien mauvaise entrée en matière pour conduire efficacement la suite de la réunion...

Vous venez de faire le point sur les accessoires clés, listez à présent les accessoires de confort. Ceux-ci vous aideront à installer une ambiance à la fois conviviale et professionnelle qui marquera positivement les esprits.

Réaliser un document Powerpoint

Pour rédiger un Powerpoint impactant, misez sur le sens, la simplicité et la structure.

L'objectif ? Mettre en exergue par des images des mots-clés pour illustrer votre explication. À chaque orateur son Powerpoint !

→ Préparez un storyboard sur papier pour mettre à plat le fil directeur de votre intervention. Racontez une histoire et cherchez les graphiques, vidéos, photos... qui peuvent l'illustrer. Choisissez des images de bonne qualité pour pouvoir les agrandir.

→ Rappelez-vous qu'une slide = une idée + une image.

→ Évitez les couleurs illisibles (comme le jaune qui se transforme en vert), les fonds trop chargés et les éléments textuels trop longs.

→ Structurez votre Powerpoint pour qu'il puisse vous servir en toute circonstance : de 15 à 45 minutes en le décomposant ainsi, 15 minutes = 1 argumentaire + 1 ou 2 exemple(s).

→ Une présentation efficace exige de l'investissement. Il vous faut trouver de bonnes photos (images professionnelles), bien résumer et articuler votre pensée (une idée par slide), et préparer un speech adéquat. Si vous ne vous donnez pas le temps ni les moyens de réaliser un Powerpoint de qualité, contentez-vous d'un tableau blanc et d'un feutre...

Miser sur les accessoires « de confort »

Laissez à portée de main sur la table de réunion des bouteilles d'eau minérale et des verres. Ceux qui auront longtemps pris la parole vous seront reconnaissants de pouvoir se désaltérer. Et certains participants angoissés y verront une occasion discrète de se donner une contenance. Le simple fait de pouvoir exécuter ce geste naturel (se servir un verre d'eau), après une intervention, aide l'interlocuteur à reprendre ses esprits et à faire retomber la tension accumulée pendant son temps de parole.

Enfin, constituez votre trousse à outils (voir encadré ci-dessous).

La trousse à outils du bon animateur

Si vous utilisez un tableau de papier ou un tableau blanc, munissez-vous de :

→ feutres de différentes couleurs (attention : les feutres pour tableaux blancs sont inutilisables sur les *paperboards* ; prenez des feutres spéciaux pour écriture sur papier) ;
→ recharges papier ;
→ tampon effaceur ;
→ ruban adhésif ;
→ punaises.

Si vous utilisez un rétroprojecteur, veillez à l'agencement de :

→ l'écran ;
→ la position, au réglage et au branchement du rétro ;

et prenez :

→ des transparents vierges ;
→ des feutres à transparents ;
→ un crayon télescopique ou un pointeur laser.

Pour la gestion du temps, n'oubliez pas :

→ votre montre ;
→ une horloge murale.

→

Pour prendre des notes, prévoyez :

→ du papier ;
→ des crayons ;
→ vos fiches et aide-mémoire ;
→ des trombones.

Pour vous aider dans le déroulement de la réunion, munissez-vous :

→ des documents à distribuer, en nombre suffisant ;
→ des documents à faire remplir ;
→ de votre agenda (ou de celui du service) ;
→ de la liste des participants attendus.

Pour ne vraiment manquer de rien, prévoyez :

→ des rallonges ;
→ des multiprises ;
→ de l'aspirine ;
→ de l'eau.

Qui dit « accessoires » ne dit pas forcément « inutiles » ou « négligeables ». Une réunion productive ne doit négliger aucun détail. Pensez à vos collaborateurs qui vous remercieront du temps que vous avez consacré à la préparation en se mobilisant pleinement lors de la réunion.

UTILISER LA BONNE TECHNIQUE D'ANIMATION

Pour favoriser l'expression de tous les participants et remplir l'objectif assigné à la réunion, vous devez choisir la technique d'animation la mieux adaptée à vos besoins. Chacune possède des atouts et des limites, mais toutes visent à faciliter la communication entre les participants. À vous de choisir en connaissance de cause.

Faire un tour de table

Ici, chacun des participants répond à tour de rôle à une question précise. Il n'y a pas d'interaction programmée entre les arguments des uns et des autres.

• Avantage : il permet à chaque collaborateur de découvrir en un temps très bref le point de vue de ses homologues, élargissant et complétant du même coup sa propre approche du sujet.

• Les écueils à éviter. Vous devez veiller à ce que chaque participant ne dépasse pas le temps de parole défini au préalable. Prenez garde que le tour de table ne se transforme pas en débat. Enfin, assurez-vous que la totalité des participants s'exprime.

• Votre rôle. Vous devez préciser la durée des interventions ; écrire la question ou le sujet sur lequel vous sondez les participants et prendre des notes au tableau au fur et à mesure des réponses.

• Quand l'utiliser ? Pour faire un sondage, recueillir les avis sur une question précise, pointue ; en début de réunion, pour permettre à chacun de se présenter ; pour recueillir l'expression des sentiments de chaque participant ; pour recueillir un vote.

Soigner les débats

Cette technique permet d'élaborer des solutions collectives grâce à l'interaction des arguments présentés par les participants.

• Avantage : le débat permet de mettre en avant les points communs, de clarifier les désaccords et d'enrichir ses connaissances.

• **Les écueils à éviter.** Tout d'abord, il ne faut pas confondre débat et prise de décision : le premier sert à favoriser l'émergence d'idées, la seconde intervient plus tard, sur la base des réflexions issues du débat. Prenez garde ensuite à maîtriser les termes de la discussion : elle ne doit pas se transformer en affrontement de personnes. Enfin, arbitrez : faites valoir les arguments des uns et des autres, relancez les discussions avec équité, veillez à ce que les plus fortes personnalités ne monopolisent pas la parole.

• **Votre rôle.** Avant de lancer le débat, sachez camper le contexte : précisez les enjeux, rappelez pourquoi le débat est organisé. Écrivez par ailleurs, la question ou le thème sur un tableau, précisez éventuellement des points clés pour indiquer des limites. Conduisez les échanges : régulez les temps de parole, relancez en reformulant ou en questionnant, apportez des éléments de précision sur le fond en cas de besoin.

• **Quand l'utiliser ?** Pour brasser les opinions en présence, mais aussi, clarifier les oppositions, les blocages, les divergences interpersonnelles. Peser, estimer l'ampleur des positions individuelles et des ralliements d'avis entre les individus.

Essayer le travail en sous-groupe

Il s'agit ici de faire réfléchir (ou travailler), pendant une durée déterminée, des petits groupes de 3 à 4 personnes sur un sujet. Déterminez, au sein de chaque atelier, un animateur chargé d'y organiser le travail et d'en restituer le résultat au reste des participants.

• **Avantage :** répartir les compétences ou les thématiques de travail à votre guise. À l'issue des travaux en sous-groupes, vous pouvez débuter la phase suivante de la réunion avec un certain nombre d'idées fortes.

• **Les écueils à éviter.** Prenez garde, lorsque vous désignez un animateur au sein de chaque atelier, de choisir la bonne personne et assurez-vous que les consignes de travail ont été bien comprises. Veillez par ailleurs à ce que la restitution des travaux réalisés dans l'atelier soit fidèle. Enfin, sachez que la durée de travail impartie peut être difficile à respecter pour les groupes les plus lents.

• **Votre rôle** consiste à former les sous-groupes et à noter sur un tableau les sujets de travail de chaque groupe, le temps imparti et le résultat attendu.

• **Quand l'utiliser ?** Pour avoir une approche comparative sur un sujet, mais aussi, gagner du temps (en faisant travailler en parallèle sur des sujets différents) ; stimuler le partage des expériences, du vécu ; mélanger ou regrouper des fonctions ou des métiers similaires ; rapprocher des affinités ou séparer des animosités latentes ; libérer l'expression individuelle (faire parler les timides) ; faire émerger un éventuel « contre-leader » et le canaliser.

Penser au travail individuel

Une réflexion individuelle permet de prendre du recul par rapport à un sujet donné ou de produire des résultats au cours d'un exercice pratique.

• **Avantage :** vous avez une visibilité précise sur les compétences et l'implication de chaque participant.

• **Les écueils à éviter.** Certains participants peuvent manquer de motivation, par peur souvent de ne pas être à la hauteur et/ou d'être mis en situation de faiblesse face aux autres intervenants. Veillez à ce que les règles de l'exercice soient bien comprises et attendez-vous à des apartés « de voisinage » !

• **Votre rôle.** Limitez les durées de ces sessions individuelles à une vingtaine de minutes au maximum et donnez explicitement les consignes de l'exercice, en les inscrivant au tableau, par exemple.

• **Quand l'utiliser ?** En alternance avec un travail de sous-groupe, en préparation d'un débat, d'un brainstorming, d'un tour de table ; mais aussi pour varier le rythme de la dynamique du groupe, ou pour répondre à un questionnaire.

Ne pas sous-estimer le brainstorming

Il s'agit ici de profiter du regroupement de toutes les compétences des participants pour faire émerger un maximum d'idées en un minimum de temps. C'est l'effet de synergie entre les membres de l'équipe qui favorise cette émergence.

• **Avantage :** lorsque les participants sont motivés et placés dans un contexte d'émulation intellectuelle, cette méthode de travail se révèle extrêmement productive.

• **Les écueils à éviter :** la réflexion collective peut se muer en débat au lieu d'en rester à la production d'idées. Soyez vigilant ! Sachez par ailleurs que tout jugement sur la pertinence des idées proposées risquera de paralyser l'expression spontanée sur laquelle repose cette technique. Enfin, intervenez lorsque les participants ne parviennent pas à se libérer et les suggestions ne sortent pas.

• **Votre rôle.** Posez une question ouverte au groupe et notez-la au tableau. Ensuite, annoncez les règles du jeu : chacun donne dans le désordre ses idées quelles qu'elles soient, sans jugement des autres. Notez sur un tableau tout ce qui est dit, sans interprétation, ni parti pris, ni classement hiérarchique.

• **Quand l'utiliser ?** Pour stimuler l'imagination ; pour avoir le maximum de chances de trouver une solution à un problème complexe apparemment sans issue ; pour sortir des sentiers battus et faire émerger les idées reçues, les préjugés, les représentations personnelles ; pour permettre une libre expression encouragée par la bienveillance.

	Points forts	**Points faibles**
Tour de table	– élargissement des points de vue – bonne réception des messages	– temps de parole dépassé – dérapage en débat – non-participation d'une personne
Débat	– confrontation des points de vue – enrichissement des arguments – liberté de ton	– affrontement des personnes – parole monopolisée par un (des) leader(s)
Travail en sous-groupes	– production de résultats immédiate – répartition des compétences au choix – mise en exergue d'idées fortes	– manque de savoir-faire de l'animateur – incompréhension des consignes – retard dans la production – restitution confuse ou infidèle
Travail individuel	– recueil précis des avis et des compétences individuelles – apartés de voisinage	– manque de motivation – incompréhension des consignes
Brainstorming	– liberté de ton – émulation entre les participants – enrichissement du thème abordé	– dérapage en débat – jugement sur les idées émises – manque de libération personnelle

En rassemblant les bons participants, en choisissant les accessoires utiles et les techniques d'animation appropriées, vous redonnerez leurs lettres de noblesse à vos réunions qui deviendront à nouveau un outil de management efficace.

Êtes-vous un bon animateur ?

Faites le point sur vos habitudes lorsque vous organisez une réunion.

Oui	Non	1 • Arrivez-vous en avance pour installer la salle et vérifier les équipements ?
Oui	Non	2 • Maîtrisez-vous les réponses brèves aux questions longues ?
Oui	Non	3 • Précisez-vous en début de réunion le cadre dans lequel elle s'inscrit, ainsi que les objectifs et les points à l'ordre du jour ?
Oui	Non	4 • Déterminez-vous une durée précise pour chaque point à l'ordre du jour ?
Oui	Non	5 • Gardez-vous le contrôle de votre animation quand un participant monopolise la parole ?
Oui	Non	6 • Savez-vous limiter ou contrôler les digressions ?
Oui	Non	7 • Laissez-vous chacun exposer son point de vue comme il le souhaite ?
Oui	Non	8 • Regardez-vous votre montre de temps en temps ?
Oui	Non	9 • Demandez-vous l'avis du groupe lors d'une remise en cause avant de contre-argumenter vous-même directement ?
Oui	Non	10 • Organisez-vous une brève évaluation du sentiment de chacun sur l'ensemble en fin de réunion ?

Pour connaître le résultat de votre autoévaluation, reportez-vous à la page 258.

L'essentiel

Mener des réunions constructives, c'est avant tout s'assurer de l'intérêt de la réunion, puis sélectionner les personnes qui y participeront, c'est utiliser les bons outils et les méthodes adéquates pour préparer et animer les débats.

Réviser les critères d'utilité de la réunion
Ne pas perdre de vue les intérêts fondamentaux d'une réunion : faire passer un message à un groupe, recueillir des avis, chercher des solutions...

Inviter les personnes vraiment concernées
Dresser la liste objective des personnes à convier pour garantir une participation active aux échanges. Ne pas se laisser influencer par les collaborateurs qui cherchent à imposer leur présence.

S'appuyer sur les bons supports
Préparer un tableau blanc ou une présentation Powerpoint selon les informations à transmettre. Réviser les règles de bon usage de ces supports pour qu'ils renforcent la présentation orale.

Ne pas négliger les outils de confort
Mettre à l'aise les participants et animateurs par de petites attentions : bouteilles d'eau, crayons et pointeurs qui fonctionnent, fiches à distribuer en nombre suffisant...

Choisir la technique d'animation adaptée
Connaître les avantages et inconvénients du tour de table, débat, travail en sous-groupe ou brainstorming pour faire le bon choix et garantir des résultats fructueux.

-2-

Prendre les bonnes décisions sans attendre

Identifier
le contexte
et les contraintes

Garder
le cap sur
ses objectifs

Hiérarchiser
ses critères
de choix

IDENTIFIER SON CONTEXTE

Vous vous posez parfois (ou souvent) la question de savoir si vous avez pris la bonne décision ? Seul l'avenir vous le dira. Mais si, au fil du temps, vous avez l'impression que vous avez de plus en plus de mal à prendre rapidement la décision la plus appropriée, alors il serait bon, pour commencer, de faire un état des lieux de votre environnement.

Distinguer les différents types de décision

Prenez en compte le fait que vos décisions sont de nature très différente et qu'elles vous engagent à plus ou moins longue échéance. Cela nécessite donc de votre part une prise de décision plus ou moins rapide.

- Identifiez tout d'abord vos décisions courantes, par exemple, modifier votre planning pour intégrer une contrainte majeure, accompagner un collaborateur en difficulté chez son client pour mieux évaluer le risque d'un contentieux, ou enfin organiser une session de créativité avec une petite équipe transverse pour identifier de nouveaux services à valeur ajoutée. Ces décisions ont un enjeu faible ; elles engagent l'entreprise à court terme et peuvent être prises très rapidement.
- Puis repérez vos décisions opérationnelles, comme regrouper sur un même site les différents services de votre unité dispersés en Île-de-France, concevoir un nouveau système de comptabilité analytique pour mieux appréhender la réalité des coûts et améliorer la profitabilité, ou enfin lancer les développements d'une nouvelle application informatique pour la gestion des temps de présence. Ces décisions ont un enjeu certain ; elles engagent l'entreprise à moyen terme (2 à 3 ans) et doivent être prises sereinement, après un temps suffisant d'étude.
- Comprenez enfin les enjeux de vos décisions stratégiques, comme lancer une nouvelle gamme de produits de grande diffusion, décider d'acquérir une société dans un autre pays, pour poursuivre la politique d'internationalisation de l'entreprise ou enfin passer d'une organisation géographique par pays à une organisation transnationale par nature d'activité. Ces décisions ont des enjeux majeurs ; elles engagent l'entreprise sur le long terme (3 à 5 ans) et doivent être prises à l'issue d'un processus très élaboré impliquant de nombreux acteurs.

Une grille pour préparer ses décisions

	Décison courante	Décison opérationnelle	Décison stratégique
Horizon	Court terme	Moyen terme	Long terme
Effet	Bref	Limité dans le temps	Durable
Enjeu	Faible	Certain	Majeur
Réversibilité	Forte	Faible	Nulle
Informations disponibles	Complètes et d'origine interne	Incomplètes et d'origine interne	Incertaines et d'origine externe

Saisir tout l'enjeu de vos prises de décision est une première étape importante. Voyez maintenant comment tenir compte de votre environnement pour prendre les décisions adéquates.

Évaluer son environnement

« On est efficace quand on sait d'où on part et où on va ! » Dans quel type de contexte devez-vous prendre cette décision ? Quels sont les facteurs dont vous devez tenir compte ? Quels sont les freins et les leviers ? Et quels sont les risques ?

• **Mesurez le niveau de l'environnement en termes de complexité ou de simplicité.** Une décision sera plus facile à prendre si elle est centrée sur votre seule équipe (parce que vous en maîtrisez en principe le fonctionnement et les rouages) que si elle concerne différents services de votre direction ou, à plus forte raison, les différentes directions de votre entreprise.

• **Identifiez le contenu de la décision.** S'agit-il d'un thème unique : financier, technique ou commercial ? Où d'un thème qui fait intervenir de nombreuses composantes : fonctionnelle, technique, financière, juridique ? Selon que vous êtes dans le premier ou dans le second cas, le nombre d'intervenants va croître à proportion des thèmes considérés. La difficulté sera alors d'autant plus grande.

- **Repérez si votre environnement actuel est favorable ou défavorable.**

Pour ce faire, posez-vous les questions suivantes :
- le contexte interne est-il porteur et motivant ? Ou le climat est-il morose, voire déprimé ?
- le contexte externe (clients et partenaires) est-il demandeur ? Ou est-il dans une phase de prudence expectative ?
- les esprits sont-ils favorables ou rétifs face au changement envisagé ?
- votre hiérarchie est-elle prête à vous suivre, malgré les risques identifiés ?

Selon la réponse que vous apporterez à chacune de ces interrogations, vous pourrez évaluer plus sûrement l'adéquation avec vos objectifs de la décision en préparation.

Connaissez-vous votre style de décision ?

Considérez la manière dont vous prenez vos décisions habituellement. Et répondez spontanément aux affirmations proposées, en notant comme suit chacune des propositions :

Position	Note	Position	Note
Pas du tout d'accord	1	Plutôt d'accord	4
Pas d'accord	2	Tout à fait d'accord	5
Je ne sais pas	3		

Points ***Pour mes décisions***

1 • Je recueille avant toute chose l'ensemble des informations dont je pense avoir besoin : faits, chiffres, références.

2 • Je vérifie la validité et la fraîcheur des informations qui me sont fournies par mes collaborateurs ou par des experts.

3 • Je me fie toujours à mon intuition qui est très souvent bonne conseillère.

4 • J'identifie les sources possibles de risques et procède à une évaluation en termes de gravité et d'occurrence.

5 • Je tiens compte de mon ressenti de la situation et de mes émotions dominantes pour mieux décider.

6 • La précipitation est mauvaise conseillère : je prends toujours mon temps pour peser longuement les avantages par rapport aux inconvénients.

7 • Je définis les trois solutions possibles et j'évalue chacune d'entre elles en termes d'avantages et d'inconvénients, pour éclairer mon choix final.

8 • Je décide toujours en fonction de mes repères personnels et de mes valeurs pour rester en accord avec moi-même.

9 • Je procède par étapes en suivant systématiquement un ordre logique et cohérent.

10 • Je suis soucieux de l'impact de mes décisions sur les autres, et je prends en compte leurs sentiments comme les miens.

11 • Je sais apprécier très vite les enjeux et les situations et ne diffère jamais ma décision quand j'y crois.

12 • Je suis spontané et les meilleures décisions sont celles qui s'imposent d'emblée à moi.

Pour connaître le résultat de votre autoévaluation, reportez-vous à la page 259.

PRÉCISER CLAIREMENT SES OBJECTIFS

Prendre une décision, c'est faire un choix en fonction de l'enjeu, de l'environnement et, bien sûr, des objectifs que vous visez. Il vous faut savoir ce que vous voulez obtenir, quels sont les résultats que vous escomptez pour déterminer les périmètres de votre décision et les contraintes qui vous limiteront.

Différencier les faits des causes

« Ce qui se conçoit bien s'énonce clairement. » En vous inspirant de cette maxime, prenez donc le temps de clarifier ce que vous voulez faire en procédant à une analyse de votre « problème ». Tout d'abord, exprimez vos objectifs par une phrase débutant par un verbe à l'infinitif, synonyme d'action, suivi d'un complément d'objet direct (par exemple, lancer un concours de ventes au deuxième trimestre). Puis précisez les résultats à atteindre (amélioration du revenu), avec des indicateurs quantifiés de la réussite de la solution (augmentation du chiffre d'affaires de 10 % par rapport au premier trimestre, à périmètre identique par exemple).

- **Méfiez-vous du problème posé en termes de solution.** Vous êtes en effet soumis, consciemment ou inconsciemment, à la pression des délais, au souci de standardisation, ou à la tentation de vous conformer au statut du moment ou aux tendances dominantes. Du reste, il vous est aussi beaucoup plus facile, face à une difficulté, de proposer une solution plutôt que de procéder d'abord à une analyse lucide. Vous pouvez également être influencé par celui qui vous demande une décision, responsable hiérarchique ou autorité reconnue dans le domaine concerné. Ne vous enfermez pas alors dans la formulation énoncée sous forme de solution, mais posez-vous la question du vrai « problème », c'est-à-dire votre besoin et votre finalité.

- **Repérez les faits et les causes, en les différenciant.** Dans un premier temps, identifiez d'abord les faits en répondant à la question « Quoi ? » : quelle est la situation actuelle ? Quels sont les acteurs concernés ? Quels sont les chiffres clés ? D'où part-on ? Que veut-on ? Les faits doivent être avérés, tangibles, vérifiables et incontestables.

Vous devez dans un second temps comprendre quelles sont les causes du problème en répondant à la question « Pourquoi ? » : quelles sont les insatisfactions actuelles ? Quels sont les dysfonctionnements constatés ? Quelles sont les conséquences ou les risques ? Les causes relèvent de l'hypothèse et de l'interprétation. Veillez à les distinguer clairement des faits.

• **Identifiez en conséquence la finalité de la décision.** En repartant des faits et des causes identifiées, remontez à la finalité recherchée. Prenez soin de ne pas confondre les causes et la finalité, et de séparer le pourquoi (les causes) du pour quoi (la finalité). Afin d'éviter cette confusion, souvenez-vous que la réponse à la question « Pourquoi ? » débute par « parce que » et que la réponse à la question « Pour quoi ? » débute par « afin de ».

Savoir tirer parti d'une fiche objectifs

Voici la matrice d'une fiche objectifs. Servez-vous-en comme modèle pour mettre à plat votre problème.

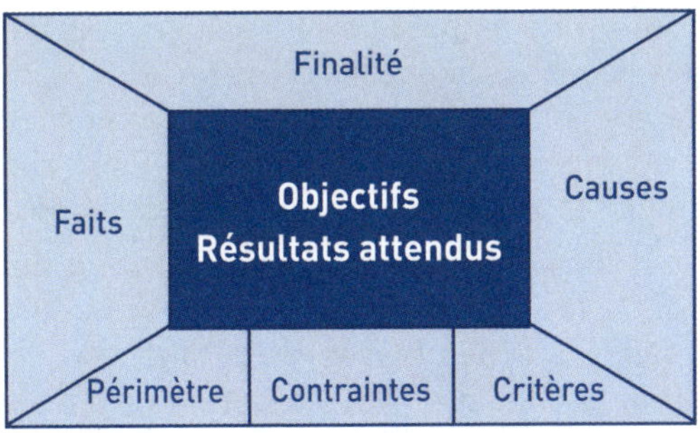

Toutes ces questions vous donneront les éléments nécessaires à la mise en place du cadre qui vous permettra de choisir.

Définir le périmètre et les contraintes

Quel est le domaine que vous allez devoir considérer pour cette décision, quel est son territoire et quelles en sont les limites ?

• **Restreignez le champ de la décision à son seul périmètre.** Il peut s'agir d'un périmètre fonctionnel (les agences commerciales), d'un périmètre géographique (toutes les agences en France), d'un périmètre managérial (vos collaborateurs immédiats ou toutes les équipes de votre direction), d'un périmètre en termes de produit (un produit spécifique ou toute une gamme de produits), de service ou de processus. Profitez-en pour quantifier les différentes composantes de ce périmètre.

• **Déterminez les contraintes.** Elles sont en général peu nombreuses. Repérez-les avec précision pour éclairer et faciliter votre prise de décision. Dans la plupart des cas, elles sont de trois natures :
- les contraintes de temps, qui peuvent recouvrir aussi bien le délai de prise de la décision, celui du lancement de la réalisation ou celui de la production des résultats ;
- les contraintes de bénéfices supplémentaires ou de budget, qui sont souvent du type : « Il faut faire plus avec le même retour sur investissement (c'est-à-dire au bout de combien de mois il est nécessaire d'équilibrer les dépenses engagées et les recettes produites) » ;
- les contraintes réglementaires : normes professionnelles à prendre en compte et cadre juridique à respecter. Pour chacune de ces contraintes, précisez aussi le degré de liberté autorisé.

• **Interrogez-vous de nouveau sur la finalité.** Avant d'identifier les critères de choix de la décision, assurez-vous que vous avez été exhaustif dans l'analyse des faits et des causes, du périmètre et des contraintes. Revenez ensuite à la finalité en vous assurant qu'il s'agit bien du but ultime, même si celui-ci peut se décliner en buts intermédiaires. Repartez donc de la demande initiale et passez en revue les questions suivantes : « Quoi ? » (les faits), « Pourquoi ? » (les causes) et enfin, « Quelle finalité ? » (les buts).

Sans cadre, il est impossible de prendre les bonnes décisions ! Il vous sera indispensable pour lister l'ensemble des critères de choix des solutions envisagées.

CERNER LES CRITÈRES DE CHOIX DE SA SOLUTION

Vous avez précisé les objectifs à atteindre et le résultat attendu, en ayant séparé les faits des causes, précisé le périmètre ainsi que les contraintes, et identifié la finalité. Complétez cette analyse par les critères de choix qu'il vous faut hiérarchiser. Distinguez alors clairement les univers concernés par votre décision.

Hiérarchiser ses critères

L'énoncé de votre problème à résoudre ne sera pas complet tant que vous n'aurez pas défini les critères discriminants qui vous permettront, à l'heure de votre choix, d'évaluer les solutions les unes par rapport aux autres, et d'en retenir une seule.

• **Considérez d'abord tous les critères possibles,** qui sont dans la plupart des cas de trois natures différentes :

- **les critères économiques :** budget à respecter, bénéfices attendus, taux de marge à respecter, taux de retour sur investissement et durée, amélioration de la productivité. Dans votre environnement professionnel, l'un de ces critères sera toujours présent, sauf exception ;
- **les critères d'utilisation :** ils concernent aussi bien les produits, les services ou les processus. Prenez en considération des critères tels que la fiabilité, la praticité ou l'ergonomie pour un produit, la simplicité pour un processus, la souplesse ou encore la disponibilité pour un service ;
- **les critères d'exploitation :** ils concernent par exemple la résistance (aux chocs ou aux intempéries), la facilité de maintenance (sur site ou à distance), l'évolutivité ou la mise à niveau au fur et à mesure des améliorations réalisées.

• **Sélectionnez un nombre restreint d'entre eux,** de 3 à 5 au maximum. Par exemple, s'il s'agit de concevoir un nouveau conditionnement pour une crème de beauté, considérez les critères d'esthétique, de praticité et de coût. S'il s'agit de mettre en place une nouvelle organisation pour vos équipes commerciales (par exemple, passer de la notion de territoire géographique à celle du secteur d'activité), prenez en compte les critères de simplicité, de performance et d'acceptabilité par les clients.

• **Priorisez les critères retenus.** Faites votre propre classement des critères par ordre de priorité décroissante. Puis réunissez quelques collègues ou collaborateurs à qui vous allez présenter la « fiche objectifs » que vous avez remplie (voir page 127). Choisissez-les de préférence s'ils sont parties prenantes des résultats de la décision, aujourd'hui ou à terme. Prenez soin de bien présenter la « fiche objectifs » que vous avez préparée. Explicitez les critères de choix que vous avez retenus et demandez à tous les participants de classer chacun des critères par priorité perçue (rang 1, 2 ou 3). Collectez ensuite les réponses et affectez le poids 5 aux critères de rang 1, le poids 3 aux critères de rang 2 et le poids 1 aux critères de rang 3. Puis faites le total par critère, ce qui vous donne un ordre décroissant. Comparez enfin le résultat obtenu par le groupe à votre propre classement. Et arbitrez entre les deux résultats s'il y a des divergences majeures.

Une grille de référence

On considère qu'il y a 5 participants à la réunion. Chaque ligne doit donc comprendre 5 réponses. Le résultat total par critère donne l'ordre de priorité suivant : simplicité (21 points), fiabilité (15 points), coût (13 points), praticité (11 points) et esthétique (7 points).

Critères de choix	Rang 1	Rang 2	Rang 3	Total
Coût	x	xx	xx	13
Fiabilité	xx	x	xx	15
Praticité		xxx	xx	11
Esthétique		x	xxxx	7
Simplicité	xxx	xx		21

Pour s'avérer efficaces, l'ensemble de ces critères doivent maintenant être déterminés pour chaque univers de votre décision.

Distinguer clairement les « univers » concernés par sa décision

Dans la plupart des situations, vous devez prendre en compte un nombre important de paramètres. Pour y voir plus clair avant de définir les solutions possibles, astreignez-vous à différencier les univers concernés. Reprenez l'exemple de la définition et la mise en œuvre d'un nouveau conditionnement pour un produit de beauté et étudiez les dimensions suivantes.

- **L'univers du produit :** identifiez qui sont les acteurs visés, en général les concepteurs, des experts et tous ceux qui devront concourir à sa fabrication et à sa diffusion. Il s'agit en fait des représentants des différentes fonctions concernées : méthodes, achats, approvisionnements, production, qualité, logistique, commercial, marketing, administratif... Les préoccupations de ces différents acteurs sont de concevoir et de réaliser le produit correspondant au mieux des besoins exprimés au coût le plus intéressant. Pour ce faire, ils définissent les fonctions, les solutions et les moyens internes et externes les plus adaptés (fournisseurs et sous-traitants).
- **L'univers des clients internes ou externes :** identifiez qui sont les acteurs concernés, c'est-à-dire tous ceux qui utilisent le produit ou qui l'exploitent : clients, utilisateurs, service après-vente. Les préoccupations de ces différents acteurs sont d'obtenir le produit dans les meilleures conditions (de prix, de facilité d'obtention, de suivi, etc.). Pour ce faire, ils expriment des besoins et des attentes, des insatisfactions et parfois même des esquisses de solutions.
- **L'univers du projet :** identifiez qui sont les acteurs concernés, c'est-à-dire le sponsor ou propriétaire du projet (dans notre exemple, le directeur du comité produits), le chef de projet (en l'occurrence, un responsable du marketing) et l'équipe de projet transverse qui va être composée de tous les concepteurs, experts et fonctions concernées. Les préoccupations de ces différents acteurs sont de conduire le projet dans le respect des coûts, des délais et de la qualité. Pour ce faire, ils doivent prendre en compte le contexte du projet : enjeux, objectifs, résultats attendus, organisation du projet, budget alloué et le planning.

Les 3 univers de la décision

Univers	Acteurs	Préoccupations	Actions
Produit, service ou processus	• Concepteurs • Experts et autres intervenants	Réaliser le produit le plus efficace possible	• Fonctions • Solutions • Performances
Clients (internes ou externes)	• Utilisateurs • Exploitants • Distributeurs	Obtenir le produit et le mettre en service	• Besoins • Attentes • Insatisfactions
Projet	• Sponsor • Chef de projet • Équipe de projet	Respecter les coûts, les délais et la qualité	• Enjeux, objectifs • Périmètre • Contraintes

Identifiez ce qui relève de chacun de ces trois univers. Cette mise à plat vous permettra de mieux travailler, de moins perdre de temps et d'éviter les interprétations abusives ou les malentendus.

PASSER À L'ACTE EN ÉVITANT LES PIÈGES

Vous avez toutes les cartes en main pour prendre une décision objective et raisonnable. Pour autant, quelques doutes ou réserves peuvent subsister par crainte du conflit, à cause d'une trop grande indulgence ou, au contraire, d'une trop grande rigueur. Ouvrez les yeux sur les pièges tendus puis choisissez une bonne fois pour toutes, au calme.

Choisir en son âme et conscience

C'est la fin du parcours et le moment du choix. Avant de décider, souvenez-vous des principaux travers dans lesquels vous risquez de tomber si vous n'y prenez pas garde.

- Le clonage privilégié. C'est la tentation de choisir et de décider par affinité, c'est-à-dire par rapport à ce que vous êtes. Vous devez par exemple recruter un contrôleur de gestion, et il reste deux candidats en lice. Le premier est sérieux, très organisé, analytique et procédurier, peu expansif. Il a une formation d'expert-comptable. Comme vous, en plus jeune. L'autre est sérieux, méthodique et rigoureux, avec une forte capacité de synthèse. Plus expansif, il a une formation de type « école de commerce » et semble avoir plus de potentiel. Attention à ne pas choisir celui qui vous ressemble le plus dans tous les cas.
- La contagion insidieuse. C'est le risque de vous faire une opinion à partir des conclusions de l'expert au lieu de vous forger la vôtre avant d'étudier son rapport. Vous devez par exemple choisir en interne un chef de projet pour mettre en œuvre un progiciel de gestion de la relation clients. Il doit avoir une bonne compréhension des enjeux marketing et commerciaux, ainsi qu'une bonne aptitude à piloter un projet transverse. Le responsable des ressources humaines qui a sélectionné trois candidats, vous transmet un comparatif factuel en termes de savoir, savoir-faire et savoir-être. Il recommande le candidat qui a de solides références en matière de conduite de projet mais aussi la plus faible expérience du métier concerné. Après étude du rapport, vous rencontrez les trois candidats. Votre risque dans cette décision est de choisir inconsciemment celui qui vous a été recommandé.

- **L'indulgence à tout-va.** C'est la hantise de toutes les formes de conflits ou d'affrontements qui vous pousse à installer une sorte de consensus mou, ne contrariant personne et vous protégeant au maximum des effets négatifs d'une décision trop abrupte. Par exemple, et pour la troisième fois en six mois, vous constatez que l'un de vos techniciens avant-vente vous remet des notes de frais douteuses. La dernière fois, vous l'aviez prévenu qu'il recevrait une lettre de mise en garde à la prochaine récidive. Le moment est venu d'agir. Votre risque est de choisir à nouveau et consciemment une troisième remontrance orale.
- **La rigueur implacable.** C'est la volonté d'être pur et dur qui vous pousse à aller au-delà de ce qu'on peut raisonnablement attendre d'une décision sévère. C'est souvent le cas lorsque vous venez d'être nommé manager et que vous avez à cœur de prouver que votre nomination est pleinement justifiée. Par exemple, au moment de l'évaluation annuelle des performances de vos collaborateurs, alors que le niveau moyen de votre service est satisfaisant, vous vous efforcez de montrer votre capacité à être discriminant dans la notation. Votre risque dans cette décision est d'évaluer trop sévèrement un ou deux malchanceux pour montrer votre rigueur et votre détermination.
- **La sur-réaction.** C'est le risque d'une trop forte implication sur un plan émotif qui peut vous conduire à prendre des décisions inadéquates ou irrationnelles sous l'effet de la colère ou de la frustration, quitte à les regretter par la suite. Par exemple, responsable d'une équipe d'acheteurs, vous attendez depuis deux ans déjà d'être promu directeur des achats d'une filiale à l'étranger. Vous êtes convoqué ce jour-là par le directeur des achats du groupe (votre N + 2), et vous pensez que votre tour est enfin arrivé. Après avoir introduit le thème de votre évolution souhaitable, le directeur vous propose... d'être son assistant pour une période de 18 mois, pour mieux vous préparer à diriger ensuite les achats d'une filiale à l'étranger. Votre risque dans cette situation est de répondre par dépit que vous n'êtes pas intéressé par un poste fonctionnel, et que vous préférez rester là où vous êtes... ou aller voir ailleurs !

Pièges à éviter

Piège	Acteurs
Le clonage privilégié	Décider selon ses affinités
La contagion insidieuse de l'expert	Décider selon les recommandations
L'indulgence à tout-va	Refuser l'affrontement et temporiser
La rigueur implacable	Être trop sévère pour l'exemple
La sur-réaction	Décider sous l'emprise de l'émotion

Décider dans le calme

Au moment de décider, il est souhaitable de se mettre dans les meilleures conditions, pour une ultime réflexion.

• **Évitez une ambiance stressante :** ne prenez pas vos décisions difficiles dans un hall d'aéroport, ou dans un train à grande vitesse bondé, ou encore dans un open space agité, avec, dans tous les cas, de multiples sollicitations et un bruit d'enfer. Réfugiez-vous dans une salle de réunion isolée, où personne n'aura l'idée de venir vous déranger. Ou rentrez chez vous, si vous disposez d'une pièce où vous pouvez réfléchir et travailler tranquillement. Vous allez alors passer d'un stade de dépense d'énergie, souvent stérile, à un sentiment de force, propice à la prise de risque et à la décision.

• **Décontractez-vous :** si malgré votre ultime réflexion au calme, vous hésitez encore sur la décision à prendre car vous êtes stressé par les conséquences possibles, alors procédez autrement. Relaxez-vous ! Les moyens sont multiples. Parmi ceux que vous pouvez faire sans problème, privilégiez le jogging, la bicyclette, la natation, la microsieste et des exercices simples de respiration. Vous pouvez aussi suivre une courte formation zen en prenant quelques cours de yoga. Toutefois, faites régulièrement vos exercices.

Détendez-vous !

Voici un exercice simple de relaxation.

Objectif : positiver, garder ou reprendre confiance en soi.

Durée : 3 à 4 minutes.

Déroulement : installez-vous confortablement au calme dans la pénombre, et concentrez-vous sur votre respiration pendant 2 minutes. Laissez revenir à vous les images des événements agréables de votre journée. Sentez le contentement, la joie et le bien-être s'installer dans votre corps. Profitez-en quelques instants. Projetez-vous dans la journée du lendemain avec ce même état intérieur. Puis reprenez conscience de votre respiration. Et sortez de l'exercice tranquillement en vous étirant.

Précipitation et prise de décision ne font pas bon ménage. D'où l'intérêt de vous retrancher quelques instants avant votre prise de décision finale. Quelques minutes de calme suffiront à mobiliser vos ressources et à vous engager.

Savez-vous décider seul au mieux des intérêts de tous ?

Identifiez vos points forts et vos points d'amélioration dans la préparation de votre décision pour agir en conséquence.

Quels sont mes réflexes ?

Je sais faire	*Je dois m'améliorer*	
		Comprendre et analyser les différents types d'impact de mes décisions.
		Déterminer les conséquences sur moi et sur les autres, en termes de pertes et de gains.
		Privilégier une démarche novatrice plutôt que de me conformer aux opinions dominantes.
		Accepter d'expérimenter des idées nouvelles en sachant entraîner l'adhésion des autres.
		Afficher constamment mon ouverture aux autres et aux changements
		Travailler en permanence pour obtenir le consensus.
		Savoir prendre des risques en ayant procédé à leur analyse de manière structurée.
		Utiliser un format normé de définition d'un risque donné en identifiant les actions préventives pour le réduire.
		Choisir le temps de ma décision en fonction de sa nature et du contexte.
		Me fixer toujours une deadline pour décider et la tenir.
		Privilégier une décision matinale car souvent la nuit porte conseil.
		Rester lucide sur les pièges naturels qui me guettent dans ma prise de décision.

Pour connaître le résultat de votre autoévaluation, reportez-vous à la page 260.

L'essentiel

Prendre les bonnes décisions sans attendre, c'est savoir analyser attentivement la situation, sans perdre de vue ses objectifs, c'est aussi réussir à évaluer l'impact des solutions possibles et finalement trancher en toute liberté.

Évaluer les conséquences de ses choix

Savoir quel est le type de décision à traiter (courante, opérationnelle, stratégique) et envisager toutes les répercussions de sa prise de décision.

Estimer la complexité de la situation

Étudier le contexte de la décision, identifier les leviers, les freins, les risques, les acteurs...

Mettre en jeu les buts que l'on vise

Garder à l'esprit ses objectifs et restreindre le champ de la décision au seul périmètre concerné.

Tenir compte de tous les paramètres humains et matériels

Lister tous les critères utiles à la prise de décision finale : humains, économiques, d'utilisation, d'exploitation... puis les hiérarchiser.

S'isoler pour décider

Se réserver un moment de calme pour ne pas se laisser influencer et pouvoir choisir sereinement.

3

Passer maître dans l'art de négocier rapidement

Articuler
ses idées
avec netteté

Renforcer
l'impact de
son propos

Aller
à l'essentiel
avec aisance

JAUGER DE L'INTÉRÊT D'ÊTRE BREF

Faire court, ne pas se perdre en digressions inutiles mais, au contraire, aller directement à l'essentiel, c'est faire preuve de respect, voire d'élégance à l'égard de votre interlocuteur. En limitant vos propos, vous lui donnez plus de temps de parole, ce qui ne vous empêchera pas d'être pertinent et impactant, bien au contraire.

Être bref pour gagner en pertinence

Lorsque vous intervenez à l'oral, cherchez-vous toujours à faire au plus court ? Si ce n'est pas le cas, adoptez définitivement cette règle, elle vous permettra de gagner en pertinence. C'est le cas lorsque vous êtes en réunion, comme vous venez de le voir, mais pas seulement.

En entretien, et en particulier lorsque vous négociez, il est souhaitable d'aller à l'essentiel pour éviter les conversations à bâtons rompus souvent stériles. Quand vous intervenez ou répondez à une question, ne perdez pas de vue l'idée centrale de votre message ni vos objectifs. Restez concentré, donnez l'information principale puis, si votre interlocuteur en fait la demande, entrez dans les détails.

Donner de l'impact à ses propos

« C'était intéressant, mais il a été trop long », disent volontiers certains des auditeurs. En revanche, une intervention qui passe bien allie, en général, brièveté et pertinence. « Il a juste dit ce qu'il fallait, diront les participants, c'était parfait ». Prendre du temps aux autres, trop vous étendre, accaparer le micro, ne plus lâcher la parole, être trop bavard sont autant d'attitudes qui altèrent à coup sûr vos chances d'impact. L'écoute baisse, l'auditoire lâche prise ou s'agace. Si vous ne faites pas court, cela va vous desservir.

Faites du temps un atout !

Disposer d'un temps réduit vous oblige à sélectionner ce que vous allez dire. Or sélectionner vous amène à éliminer donc à choisir. Considérez la nécessité d'aller vite non comme une contrainte, mais comme un atout. En effet, elle vous incite à :

→ vous améliorer ;
→ mieux manier la langue et les idées ;
→ faire des choix, à établir des priorités ;
→ repousser vos limites dans la recherche de l'expression juste, de l'argument qui fait mouche, du chiffre évocateur, de l'exemple illustrant à merveille votre propos ou du fait qui le révèle.

Finalement, disposer de moins de temps est un excellent exercice pour vous entraîner à ne garder que l'essentiel, ce qui a du sens et surtout ce que vous voudriez que retienne votre interlocuteur ou votre auditoire. C'est satisfaire à la rigoureuse épreuve du « s'il me fallait dire et retenir qu'une seule chose, quelle serait cette chose ? »

Aller à l'essentiel est un excellent exercice. Ayez en tête que les plus grands esprits sont des habitués de ces fulgurances de la pensée : en une phrase, ils vous délivrent un message fort qui, à son tour, vous donne à penser.

Faire preuve de professionnalisme

Pour aller à l'essentiel, il faut maîtriser son sujet et s'être bien préparé, notamment en pensant à qui on va s'adresser. Faire une belle prestation, concise, dans un temps réduit, prouve que vous avez du métier et que vous vous êtes investi pour la réussir.

Savoir aller à l'essentiel exige un esprit de synthèse pour construire, sélectionner, illustrer, améliorer, trouver les mots et les formules justes.

Si vous acceptez de relever ce défi, aller vite deviendra pour vous un véritable atout.

Imprégnez-vous de citations célèbres

Si vous voulez vous entraîner à penser vite et de manière percutante, habituez-vous à parcourir des recueils ou des dictionnaires de citations. Vous découvrirez qu'elles sont d'inégale profondeur mais vous serez sensible à celles qui résument en quelques mots une pensée puissante.

Prenez un carnet et osez vous-même consigner vos propres idées tout en apprenant progressivement à les façonner. Très utile, cet exercice crée les conditions d'une gymnastique de l'esprit fructueuse pour l'orateur qui tient à s'exprimer brièvement avec pertinence.

Vous constaterez qu'une pensée a besoin de mûrir avant de devenir le pivot de votre intervention. C'est avec des phrases fortes qu'on rehausse le débat et qu'on marque des points.

Jugez de votre capacité à être bref

Mettez-vous en situation dès à présent avec ce cas pratique.

Imaginez que vous allez défendre un projet lors d'une réunion. Par exemple, mettre en place un programme de formation sur la créativité pour l'ensemble des collaborateurs de votre division (ingénieurs, techniciens, assistants).

Vous avez constaté en effet que les habitudes, la routine et un manque d'innovation caractérisent les méthodes de travail. Vous savez que certaines personnes croient qu'il est impossible de se former à être plus créatif.

Vous savez que vous n'avez que sept minutes pour convaincre.

Comment allez-vous bâtir votre intervention et notamment sélectionner vos idées et vos arguments ?

Indiquez votre plan et la liste de vos idées et arguments :

Pour connaître le résultat de votre autoévaluation, reportez-vous à la page 260.

RÉPERTORIER LES ARGUMENTS QUI FERONT LA DIFFÉRENCE

Plus une intervention orale est brève, plus elle exige une préparation de bonne qualité. Ne vous méprenez pas : si l'orateur a du talent, c'est qu'il a beaucoup travaillé en coulisse. Ne vous laissez pas aller à un optimisme naïf : « J'ai juste quelques mots à dire au directeur, ça ira comme ça... », pour découvrir que, face à lui, vous n'avez pas été aussi pertinent que vous l'auriez voulu. Préparez-vous étape par étape pour mettre au point votre argumentation.

Produire des idées sans contrainte

Pour être prêt le jour J, agissez avec méthode :

- **Consacrez 20 minutes à chercher en toute liberté toutes les idées, quelques jours avant votre intervention.** Rassemblez tous les arguments qui vous viennent à l'esprit pour défendre votre projet. Cela favorisera votre activité mentale sans trop de pression. Avec le temps, vous aborderez plus aisément les questions sous des angles différents, alors que dans la précipitation, vous ne pouvez envisager qu'une seule solution qui n'est peut-être pas la bonne.
- **Approfondissez votre réflexion en vous posant des questions ouvertes** pour vous obliger à penser plus « large » : Quoi ? Qui ? Où ? Quand ? Comment ? Pourquoi ? Combien ? Qu'est-ce que ? Comment ? De quelle façon ? De quelle manière ? Par quels moyens ? Cela vous permettra également de commencer à envisager les éventuelles objections que l'on pourrait vous faire.
- **Notez par écrit toutes vos idées sans trop vous soucier de la formulation.** Gardez précieusement cette liste car vous devrez y ajouter vos prochaines idées dès qu'elles vous viendront à l'esprit.

Après cette phase de production d'idées, passez à la phase de sélection pour éliminer de votre discours tout élément superflu.

Sélectionner ses idées

Plus votre communication est brève, plus l'étape de la sélection des idées est décisive. Puisque vous ne pouvez pas tout dire et encore moins tout développer, vous devez impérativement faire ce tri en amont :

• **Reprenez votre liste d'idées et arguments et relisez-les.** Évaluez-les et cherchez la meilleure formulation possible pour chacun d'entre eux.

• **Dressez votre nouvelle liste** et utilisez-la pour établir des comparaisons. Regroupez les idées proches, notez celles qui se contredisent. Pesez le pour et le contre de chaque idée.

• **Prenez maintenant une autre feuille, hiérarchisez vos idées** en leur attribuant des numéros. Commencez par l'argument qui vous paraît prioritaire : c'est celui qui vous semble le plus précis, le plus clair, le plus pertinent.

• **Sur cette liste, triez vos arguments en les stabilotant selon leur nature :** arguments forts ou arguments plus fragiles. Pour cela, interrogez-vous en imaginant les objections que vous pouvez déclencher. Si vous ne trouvez pas d'objections particulières pour un argument, c'est un argument fort. Dans ce cas, vous disposez d'un fait, d'un chiffre ou d'un témoignage pour l'étayer.

• **Une fois établie cette liste d'arguments forts et faibles, ne considérez pas que votre travail est fini,** ni que la sélection ou la hiérarchisation opérée est définitive. Gardez l'esprit ouvert à toute nouvelle idée, même si cela remet en cause ce premier tri.

• **Pour lutter contre toute fébrilité durant la préparation,** restez souple. Autorisez-vous quelques erreurs et retours en arrière.

Accordez-vous du temps pour vous préparer

Une fois l'échéance fixée (un coup de fil, un entretien, une réunion, une assemblée, une interview...), programmez en toute tranquillité votre préparation. Notez dans votre agenda, de quelques jours à une semaine à l'avance maximum, les deux ou trois moments que vous allez consacrer à votre exercice de mise au point.

S'imprégner de ses idées

Une fois que votre sélection est faite, vous devez vous imprégner de vos idées.

• **Pour être à l'aise le jour J :** vous devez donc vous familiariser avec ce que vous allez dire (idées principales, arguments, anecdotes, chiffres...).

- relisez vos notes écrites plusieurs fois ;
- sollicitez votre mémoire et répétez en silence ou à haute voix votre argumentation dans sa version actuelle. Plus vous répéterez, plus vous manierez ces divers arguments avec aisance ;
- répétez ce travail de restitution de vos arguments forts à différents moments de la journée jusqu'à ce que les enchaînements soient fluides et naturels et que vous vous sentiez totalement à l'aise.

• **Pour être plus en confiance :** testez vos arguments sur un public averti ou non. Cherchez des personnes proches du public à qui vous allez vous adresser ou des personnes dont les critiques vous seront utiles pour affiner ou affûter vos arguments. Ainsi, vous aurez une première idée de l'impact de votre propos et vous pourrez mieux ajuster votre discours.

Pour vivre sereinement cet exercice de préparation, dites-vous qu'il n'y a pas d'enjeu, que cela va vous permettre de rôder votre discours et que ce test sera un jeu enrichissant.

COMPRENDRE LES INTERACTIONS ENTRE SOI ET SES PARTENAIRES

Négocier suppose toujours un passage par la discussion. Celle-ci va produire des effets en cascade : votre interlocuteur va réagir à ce que vous lui dites, et vous-même, tout en vous adaptant à ses réactions, allez réagir consciemment ou non à ses propos et à ses attitudes. Au-delà de tout ce que vous pouvez prévoir pendant la phase de préparation, la négociation est donc à la merci du climat de la discussion. Chacun va se livrer avec plus ou moins d'implication et de tension. C'est pourquoi comprendre et décomposer les interactions qui se mettent en place lors de la discussion est essentiel pour conduire la négociation vers une issue favorable.

Capter les influences en présence

Commencez par prendre de la distance par rapport à la discussion. C'est à cette seule condition que vous pourrez : identifier les relations de pouvoir ou d'influence qui s'installent ; les analyser pour rebondir et ne pas en être prisonnier ; prendre conscience de l'influence que vous pouvez exercer.

Les influences peuvent s'exercer grâce à :

- **la rhétorique :** l'argumentation, la logique du discours, la démonstration, il s'agit alors d'une influence tournée vers le rationnel ;
- **la communication « non verbale » :** c'est-à-dire les gestes, le ton, les mimiques. C'est la mise en scène de la parole, ne la sous-estimez pas ;
- **la position professionnelle ou sociale :** la crédibilité, la notoriété, le prestige qui donneront plus ou moins d'ascendant à votre interlocuteur ;
- **les situations :** le choix du moment, du lieu, du cadre, etc.

C'est de l'alchimie de tous ces ingrédients que résultent l'accord ou la résistance, l'adhésion ou le rejet. Comme dans un match de football ou

De quoi se plaignent les négociateurs en évoquant leurs négociations ?

→ « Ils ne discutent pas, ils affirment. »
→ « À chaque fois, le ton monte et tout le monde s'énerve. »
→ « C'était à sens unique. »
→ « On s'est fait manœuvrer. »
→ « On ne peut rien lui dire sans qu'il s'emporte. »
→ « Il ne veut rien comprendre. »
→ « Il était impossible de parler. »
→ « On était trop nombreux. »
→ « Ils ont réponse à tout. »
→ « On n'a pas vraiment abordé le sujet. »
→ « Ça ne sert à rien de discuter, il n'accorde pas de valeur à ce que je dis. »

Vous vous reconnaissez sûrement dans l'une ou l'autre de ces affirmations ! Il n'est jamais trop tard pour prendre du recul : cherchez à comprendre ce qui se passe au cours d'une discussion et vous gagnerez en souplesse dans votre prochaine négociation.

de tennis, un scénario s'impose parce que les jeux individuels sont interdépendants.

Ainsi, les influences en présence vont vous donner des indications précieuses sur le type de relation que vous instaurez : est-elle équilibrée et contrôlée ? Est-elle basée sur des rapports de séduction ? Vous renvoie-t-elle à un rapport de domination ou d'opposition ? C'est également à ce moment-là que vous pourrez détecter si vous vous engagez dans un scénario à risques tel que la polémique, le passage en force ou la manipulation.

Privilégier une attitude coopérative

Pour mettre toutes les chances de votre côté et faire passer votre message avec succès, vous vous devez :

• **d'être crédible :** votre message est vrai et vous le prouvez par des faits, des témoignages, des chiffres, etc. Exemple : « Notre produit a fait ses preuves et est reconnu sur le marché. D'ailleurs, il a reçu le prix de l'excellence l'année dernière et a été adopté par telle entreprise connue pour son exigence » ;

• **d'être cohérent :** vous devez montrer que vous suivez une logique, que celle-ci se retrouve dans votre argumentation comme dans les solutions que vous préconisez. Privilégiez la transparence et la rigueur. Exemple : « Je vous ai confié, à titre expérimental pendant un an, l'animation de réunions mensuelles de partage d'expériences entre les collaborateurs. Vous proposez d'y mettre un terme au bout de 6 mois. Or, pour tirer tous les enseignements d'une telle expérience, il convient de la mener à son terme, donc j'attends de vous la reprise de ces réunions » ;

- **d'être constant :** faire preuve de continuité est décisif. Si vous montrez que vous défendez votre point de vue et que vous tenez vos promesses, vous modifierez le rapport minorité-majorité à votre avantage. Exemple : « Nous avons promis à nos clients de les rappeler pour vérifier que chaque commande expédiée était conforme à leurs attentes. Nous ne dérogeons jamais à cet engagement, ce qui nous a permis d'enregistrer de nets progrès en termes de satisfaction client. Nous vous proposons de mettre ce savoir-faire au service de vos clients » ;
- **d'être congruent :** c'est apporter une réponse adaptée à la situation. Sera davantage persuasif un message qui a une résonance pour votre interlocuteur, qui l'interpelle intérieurement, qui fait écho en raison du contexte, des autres ou de lui-même. Exemple : « Compte tenu des efforts financiers que vous faites pour lancer ce produit, je m'engage à améliorer notre prix unitaire et à vous le livrer au tarif de 320 €. »

En respectant ces 4 principes, vous installerez un climat de coopération avec des interactions favorables car vous aurez recherché la qualité d'adhésion tout en respectant le libre arbitre de votre interlocuteur.

Adopter une ligne de conduite constructive se résume à : savoir où vous allez, ne pas faire n'importe quoi, s'en tenir à ce que vous avez promis, être clair et rester soi-même.

Prenez le pouls de la négociation

Repérez les indices révélateurs de la satisfaction et de la bonne qualité de l'échange à travers ces petites phrases :

→ « On a bien avancé. »
→ « On a senti une volonté de trouver une solution. »
→ « La discussion a mis en évidence les positions de chacun. »
→ « On a eu le temps de réfléchir. »
→ « On a pris des engagements. »
→ « On a découvert d'autres problèmes méritant une confrontation. »
→ « Chacun va y gagner quelque chose. »
→ « On a eu le sentiment d'être accepté et écouté jusqu'au bout. »
→ « On a eu affaire à des gens responsables. »
→ « On a eu le sentiment de n'avoir jamais perdu de vue les risques courus. »

FAIRE CONFIANCE À LA MÉTHODE DES 3 C

Limiter le temps de vos interventions en ne vous appuyant que sur des arguments forts est un principe à respecter à tout prix pour devenir un négociateur hors pair. Mais pour renforcer vos chances de faire mouche le jour J, vous pouvez également avoir recours à une technique imparable : la méthode des 3 C. Voyez comment consulter, confronter et concrétiser en un temps record.

Gagner en efficacité

Par le cadre et les limites qu'elle implique, avoir recours à une méthode favorise l'efficacité, la confiance en soi et la coopération. C'est l'avantage qu'offre la méthode des 3 C en vous facilitant la voie de la négociation constructive. Cette méthode s'articule autour :

- **d'un plan d'action en 3 temps forts :**

– la consultation,
– la confrontation
– et la concrétisation ;

- **qui se décomposent en sept étapes :**

– la prise de contact ;
– le questionnement ;
– la reformulation ;
– la proposition ;
– la discussion ;
– le bilan ;
– et la décompression ;

- **et nécessite la mise en œuvre de trois attitudes :**

– l'ajustement ;
– l'engagement ;
– et l'arrangement.

Le négociateur efficace est celui :
→ qui appréhende la situation en intégrant un maximum d'éléments ;
→ qui crée les conditions pour déboucher sur un résultat gagnant-gagnant ;
→ qui suscite une adhésion authentique à ce résultat.

Méthode des 3 C

Attitudes	Temps forts de la méthode	Étapes – Instruments
Ajustement ▪ volonté de s'informer ▪ être disponible ▪ être tolérant ▪ volonté de comprendre l'autre ▪ être accessible ▪ être à l'écoute ▪ être capable de synthétiser	**1 Consultation**	Prise de contact Questionnement Reformulation
Engagement ▪ oser affirmer ▪ être intelligible ▪ argumenter, réfuter ▪ mettre en évidence convergences et contradictions	**2 Confrontation**	Proposition Discussion
Arrangement ▪ rechercher les points d'accord ▪ confirmer les points non négociables ▪ viser le profit mutuel ▪ accepter une solution de rapprochement ▪ assurer le maintien et/ou le renforcement de la relation	**3 Concrétisation**	Bilan Décompression

Cette méthode de négociation constructive met en correspondance des attitudes et comportements (données psychologiques) et des outils tels que le questionnement, la reformulation, etc. (données instrumentales). Comme tout modèle, elle schématise et normalise la délibération, en imposant des séquences et une discipline. Elle fournit une marche à suivre inspirée d'une logique constructive et coopérative : se comprendre et accepter de s'engager.

Réorienter la négociation en cas de décalage

Au-delà de la confiance en vous et de l'efficacité que cette méthode va vous apporter, elle permet également de redresser la situation. Parfois, des décalages peuvent survenir pendant la négociation entre des protagonistes inégalement soucieux d'une interaction constructive : certains veulent encore discuter quand d'autres recherchent des arrangements ; d'autres veulent discuter d'entrée quand ils sont invités à se consulter. Il vous faudra traiter avec prudence et tact ces décalages car ils veulent forcément dire quelque chose. L'important est que sur le fond, vous soyez convaincu de l'intérêt d'une progression constructive, pour **réorienter l'interaction** dans le sens de la logique ci-dessus. Il est même souhaitable qu'en cas de difficulté, vous proposiez un contrat sur cette logique de négociation constructive aux autres protagonistes.

Avec la méthode des 3 C, la négociation est conçue comme un échange productif fondé sur le principe d'une conduite méthodique du face-à-face et le respect d'attitudes en accord avec l'objectif : construire un arrangement acceptable pour les protagonistes. Nous ne sommes finalement pas très éloignés de la pratique du management !

Entraînez-vous à négocier en utilisant la méthode des 3 C

Vincent est responsable d'une équipe de 7 technico-commerciaux. En janvier, il confie à Philippe, son plus proche collaborateur, la mission de prendre en charge et d'animer pour un an une réunion mensuelle d'information. Cela représente 10 réunions.

Philippe n'est pas particulièrement enthousiaste, sans s'opposer non plus à cette décision. Finalement, Vincent lui a confié cette mission sans réellement lui demander ce qu'il en pensait.

Au cours du 1er trimestre, les réunions ont lieu tous les mois. Mais au début de l'été, Vincent découvre qu'elles n'ont plus lieu : en avril, la réunion a été repoussée à une date ultérieure car Philippe partait en vacances de Pâques ; en mai, elle aurait eu lieu mais en effectif réduit... ; en juin, elle n'a pas eu lieu du tout. Jusqu'à maintenant, il n'y avait pas de contentieux spécial entre Philippe et Vincent, ni de problème majeur dans le service. Début septembre, Vincent décide d'en parler avec Philippe.

L'objectif de Vincent est de remettre en place les réunions, chercher à savoir ce qui s'est passé au 2e trimestre et trouver de nouvelles modalités pour que ces réunions soient maintenues.

Mettez-vous à sa place : dans quel état d'esprit aborderiez-vous cette négociation ? Comment construiriez-vous votre argumentation ? Passez en revue chaque étape de la négociation et notez-en les points clés.

Pour connaître le résultat de votre autoévaluation, reportez-vous à la page 260.

L'essentiel

Passer maître dans l'art de négocier rapidement, c'est se convaincre de l'intérêt d'être bref pour renforcer son propos, c'est soigner ses arguments et bien connaitre ses interlocuteurs pour construire des accords gagnants.

Prendre conscience des atouts d'une négociation limitée dans le temps

Savoir que concision rime avec pertinence, impact et professionnalisme, même en situation de négociation.

Construire un raisonnement imparable

Produire un maximum d'idées puis sélectionner et hiérarchiser les arguments forts pour élaborer une démonstration percutante.

Assimiler ses arguments pour mieux les énoncer

S'imprégner de ses idées et éventuellement les reformuler pour gagner en spontanéité et réactivité.

Analyser les relations d'influences engagées par la négociation

Savoir prendre du recul lors de la discussion pour capter les influences et les relations de pouvoir. Tenir compte de la rhétorique, du langage non verbal et de l'environnement.

Se baser sur une méthode éprouvée pour l'emporter

S'inspirer de la méthode des 3 C (consultation, confrontation, concrétisation) pour optimiser ses chances de réussite.

4

Avancer malgré les imprévus

Distinguer
urgence et
importance

Organiser
ses temps
de disponibilité

Bien vivre
les changements

DÉTERMINER SES PRIORITÉS

Les entreprises utilisent généralement deux outils pour définir la priorité des tâches à accomplir : le First in, first out (ou FIFO) pour « premier arrivé, premier servi » et le Last in, first out (ou LIFO) pour « dernier arrivé, premier servi ». Et vous, quelle est votre méthode ? Comment définissez-vous une activité à forte valeur ajoutée ? Savez-vous discerner l'urgent et l'important ? Il est temps de (re)découvrir toutes ces notions.

Identifier ses activités à forte valeur ajoutée

Si vous n'avez pas encore déterminé vos activités à valeur ajoutée (voir encadré ci-dessous), il est temps de vous y intéresser. Pour ce faire, utilisez votre « base de décision » structurée en « missions clés » (voir page 58) ainsi que le modèle ABC (voir encadré page 51).

En effet, n'avez-vous pas constaté que certaines activités génèrent beaucoup plus de résultats que d'autres ? Par exemple, pour être efficace, un responsable doit savoir passer :

- 15 % de son temps (1 heure par jour ou 1 jour par semaine) à prendre du recul pour « inventer » le futur de son entreprise, de son service : type A ;
- 20 % de son temps à « concrétiser » son invention s'il veut obtenir des résultats, c'est-à-dire à la formaliser, à la transmettre : type B ;
- 65 % de son temps à l'« appliquer » de nombreuses fois avec ses collaborateurs : type C.

En se basant sur le modèle ABC, il est facile de constater que le type A et le type B correspondent aux activités les plus « rentables » puisqu'elles génèrent 85 % de la performance.

Maintenant, à vous de jouer !

Qu'est-ce qu'une valeur ajoutée ?

D'après le Larousse, c'est la « différence entre la valeur d'une production et celle des produits ayant servi à la réaliser ». Cette définition s'applique tout aussi bien aux tâches que vous réalisez. En fait, une activité à forte valeur ajoutée correspond à une tâche pour laquelle le retour sur le temps investi est excellent. Par exemple, un commercial qui prend le temps de bien qualifier ses rendez-vous de prospection optimise le temps de ses rendez-vous.

• **Reprenez votre base de décision,** récapitulant vos missions clés et détaillant toutes vos activités. Quelles sont celles qui ont le meilleur rendement pour le temps investi :

- la prospection ;
- la communication ;
- l'organisation de réunions ;
- les déplacements à des congrès... ?

• **Classez vos activités** en fonction de leur valeur ajoutée. Pour chaque mission clé, triez par ordre décroissant de valeur ajoutée vos activités, afin d'effectuer vos tâches dans le bon ordre.

Une fois ce premier tri effectué, vous devriez y voir plus clair dans le choix de vos priorités et donc dans votre organisation. Toutefois, cela ne règle pas le problème de l'urgence et de l'importance...

Discerner urgence et importance

Aujourd'hui, tout est devenu plus urgent que le plus urgent (voir encadré ci-dessous). Toutes les activités ne semblent plus pouvoir souffrir du moindre délai. Supérieurs, collaborateurs, clients, fournisseurs : chacun attend une réponse immédiate ! Comment donc lutter contre cette tyrannie des urgences ?

En vous basant sur le principe suivant : « L'urgent a toujours tendance à prendre le pas sur l'important. » Vous pourriez finir par faire toutes les choses urgentes sans jamais trouver le temps de faire les choses importantes. D'ailleurs, que faites-vous en premier le matin ? Lire vos mails ou réfléchir sur le plan à 3 ans de développement de votre entreprise ?

Pour vous aider à prendre du recul, appuyez-vous sur la **matrice de Minsberg** qui classe les tâches très simplement selon leur importance et leur urgence.

• **Prenez une feuille de papier et dressez un tableau** que vous remplirez en intégrant vos activités et notamment celles dont la valeur ajoutée est la plus forte.

Qu'est-ce que l'urgence ?

C'est la nécessité d'agir vite. Dans les entreprises, la plupart des urgences sont très relatives ! Parfois l'urgence résulte plus d'une conséquence que d'une nécessité :

→ une décision tardive enfin prise au plus haut niveau ;
→ un manque d'anticipation ;
→ une mise en œuvre calamiteuse.

Ainsi deviennent urgentes des tâches qui auraient pu être traitées sereinement. D'où l'intérêt de prendre du recul pour apprendre à distinguer l'urgent et l'important.

• **Attribuez enfin un code de priorité pour chacune des cases** et donc des activités (voir encadré ci-dessous) :
- les 1res correspondent aux tâches importantes et urgentes ;
- les 2e aux importantes et non urgentes ;
- les 3e aux non importantes mais urgentes ;
- les 4e et dernières aux non importantes et non urgentes.

Avec cette matrice, vous vous apercevrez que si vous négligez des tâches non importantes et non urgentes (n° 4), c'est sans conséquences puisque celles-ci finiront par devenir urgentes sans devenir importantes (n° 3).

En revanche, vous ne pouvez négliger les tâches importantes non urgentes (n° 2) parce qu'inéluctablement elles deviendront importantes et urgentes (n° 1). Et vous aurez alors à arbitrer entre plusieurs tâches toutes aussi importantes et toutes aussi urgentes !

C'est pourquoi être organisé, c'est identifier dans votre base de décision les tâches importantes non urgentes et planifier leur réalisation à l'avance.

Les codes de priorités d'Eisenhower

La légende raconte que le général Eisenhower en personne aurait utilisé le code de priorité des tâches lors du débarquement sur les côtes normandes en 1944. Extrêmement sollicité pendant l'événement, il aurait annoté chacune des sollicitations reçues par un numéro allant de 1 à 4 selon l'urgence et l'importance de la missive, réalisant ensuite ses activités en fonction de ce classement.

Test d'efficacité

Faites ce test d'efficacité en vous chronométrant.

1 • Vous avez deux minutes pour répondre aux questions de ce test.

2 • Lisez tout avant de commencer.

3 • Mettez votre nom dans le coin droit, en haut de la feuille.

4 • Faites l'opération 6 x 17 = ...

5 • Signez de votre nom, dans le coin gauche, en bas de la feuille.

6 • Faites trois croix en haut à gauche.

7 • Entourez ces trois croix d'un seul cercle.

8 • Multipliez 7 x 13 = ...

9 • Entourez ce résultat d'un cercle.

10 • Rayez le mot « droit » de l'inscription 3.

11 • Soulignez le mot « gauche » de l'inscription 5.

12 • Arrivé là, dites votre nom à haute voix.

13 • Entourez votre signature d'un cercle.

14 • En bas à droite, faites aussi un cercle.

15 • Arrivé là, dites : « Je respecte les instructions. »

16 • Entourez votre nom d'un rectangle.

17 • Énoncez à haute voix : « J'en suis à l'inscription 17. »

18 • En bas à droite, faites un triangle dans le cercle.

19 • Entourez le chiffre 9 de l'inscription n° 9.

20 • Divisez 36 par 12 = ...

21 • Annoncez : « C'est moi qui respecte le mieux les instructions. »

22 • Ne suivez que les instructions 2, 3, 22 et 23.

23 • Dès que vous avez terminé, retournez la feuille et notez au dos le temps que vous avez mis.

Pour connaître le résultat de votre autoévaluation, reportez-vous à la page 261.

APPRENDRE À GÉRER LES SOLLICITEURS

Au cours des réunions, rendez-vous, entretiens, etc., la communication joue un rôle essentiel évident. Mais quelle place lui accordez-vous dans votre vie de tous les jours ? Pensez-vous devoir soigner vos échanges lors de ces seuls moments privilégiés ? Bien sûr que non ! Pour communiquer efficacement, efforcez-vous à canaliser toutes les sollicitations qui vous submergent au quotidien.

Savoir dire « oui... mais pas maintenant »

Pour tenter de limiter les solliciteurs, certaines personnes en arrivent à s'enfermer dans leur bureau et à ne plus répondre au téléphone, laissant ainsi leurs diverses messageries saturer. C'est une possibilité... mais c'est une attitude désastreuse pour la qualité de vos relations avec vos interlocuteurs.

Réfléchissez quelques instants à l'énigme suivante :

> Préférez-vous : 30 que multiplie 2 ou 2 que multiplie 30 ?

À première vue, la réponse est équivalente, le résultat sera toujours le même. Sauf si vous ajoutez une précieuse unité : celle du temps. Alors le résultat sera complètement différent ! En effet, 30 interruptions de 2 minutes prennent beaucoup plus de temps que 2 interruptions de 30 minutes.

Ainsi, lorsque vous constatez qu'une personne vous interrompt trop souvent, posez-vous la question : « Est-ce normal ? » Si l'activité de cette personne dépend de vous, il est normal qu'elle vous sollicite. Vous n'avez donc pas affaire à un visiteur ventouse (voir page 25).

Néanmoins, vous devez faire en sorte que cette personne vous rende visite lorsque cela vous arrange, afin qu'elle ne perturbe pas vos activités. Pour ce faire :

- **Établissez avec les solliciteurs des rendez-vous à date et heure fixes.** Prévoyez avec eux un créneau horaire dans la journée ou la semaine que vous leur attribuez. Par exemple, faites-leur savoir que vous êtes disponible pour eux au besoin tous les mardis et jeudis de 11 h à 11 h 30. Vous constaterez que, les solliciteurs étant sûrs de vous voir à ces plages horaires, ils cesseront de vous interrompre à la moindre occasion, d'autant que vous serez, vous, complètement disponible pour leur répondre.

• **Demandez aux collaborateurs à qui vous réservez des moments de disponibilité de noter sur une fiche type « À faire » tous les points qu'ils souhaitent aborder** au cours de ces entretiens. Autrement dit, demandez-leur de préparer l'échange. Donnez l'exemple en accumulant vous aussi les points à traiter, vous constaterez très vite que ces rendez-vous réguliers deviendront hautement efficaces et que le temps alloué sera vite rentabilisé.

Ce dispositif devra bien sûr être réservé aux principaux solliciteurs. Pour les autres, la méthode la plus agréable sera de répondre à leurs interrogations par un : « Oui... mais pas maintenant. » Une réponse qui consiste en fait à orienter vos collaborateurs vers vos plages de « disponibilité pour tous ».

Apprendre à dire « non »

Peut-être n'osez-vous pas dire « non » à quelques sollicitations. Or, parmi vos solliciteurs, certains sont légitimes (et cette section montre comment les canaliser), tandis que d'autres sont purement chronophages. Pour répondre à ces derniers :

→ appuyez-vous sur votre base de décision. En fait, l'identification claire de tout ce qui est important pour vous vous aidera à détecter les visiteurs chronophages et, bien sûr, à trouver les bons arguments pour les éconduire. Car tout refus doit être explicité ;

→ usez de tact en soignant votre ton et vos expressions ;

→ proposez une alternative pour répondre aux besoins de votre visiteur. Ainsi, vous ferez preuve de bonne volonté et maintiendrez des rapports cordiaux avec tous vos collaborateurs ;

→ n'abusez pas du « non », sans quoi vos refus perdraient toute valeur. De plus, vous risqueriez de passer pour un individu peu sympathique et conciliant.

Si cela ne suffit toujours pas, c'est peut-être que vous êtes confronté à un manque d'affirmation de vous-même. Dans ce cas, constituez-vous une bibliographie à ce sujet (voir *Affirmez-vous au quotidien*, collection « Management Les Guides », ESF éditeur) ou suivez une formation pour vous assurer des améliorations notables.

Choisir sa disponibilité

Pour organiser au mieux vos temps de disponibilité, mieux vaut commencer par analyser votre emploi du temps. Pour ce faire :

- **Reprenez votre agenda** pour obtenir une bonne visualisation mensuelle de vos occupations principales.
- **Identifiez les rythmes et périodicités alloués à vos activités les plus importantes :** réunions, rendez-vous à date fixe mais aussi pierres de cathédrales. En effet, essayez de préserver absolument ces périodes pour ne pas laisser la porte ouverte à toutes les sollicitations au détriment des tâches de fond.
- **Déterminez un scénario idéal pour homogénéiser la répartition de vos activités préservées** (si cela n'est pas déjà fait). Au besoin changez la programmation de certaines activités récurrentes pour être toujours indisponible sur les mêmes périodes.
- **Sélectionnez des journées, demi-journées ou seulement des créneaux horaires pour vos solliciteurs.** Peu importe la durée dégagée, ce qui compte, c'est que vous soyez le plus systématiquement possible disponible sur ces créneaux.

Une fois vos plages de disponibilité sélectionnées et diffusées, vous observerez rapidement un changement de comportement de la part de vos collaborateurs, qu'ils soient situés dans votre environnement proche ou éloigné.

En effet, le principe des plages de disponibilité peut être appliqué quelle que soit la distance qui vous sépare de vos collaborateurs, à condition bien sûr que vous sachiez faire passer le message.

Tenir compte de sa courbe d'efficacité

Choisir ses plages de disponibilité, c'est d'abord se rappeler que sa capacité de concentration n'est pas la même tout au long d'une journée. Aussi, attribuez de préférence à vos solliciteurs vos périodes de moindre capacité à vous concentrer, comme par exemple le début d'après-midi. Quitte à être dérangé, autant que cela se fasse dans une période où de toute façon vous n'êtes pas très efficace.

S'EXPRIMER AVEC TACT

Savoir s'exprimer avec tact quels que soient les circonstances, vos interlocuteurs et le message que vous souhaitez faire passer est indispensable pour cultiver un bon relationnel. Cela ne s'improvise pas. Il vous faut trouver les mots justes et le ton adéquat pour ne pas vexer ni blesser vos interlocuteurs. Voyez comment passer maître dans l'art de protester, critiquer ou complimenter.

Protester et critiquer efficacement

Protester efficacement est tout un art qui répond à quelques règles précises comme la rationalité ou la juste mesure. Vous devez garder à l'esprit que la critique vise à réduire les tensions et non à attiser les rancœurs. Faites preuve de franchise, de clarté et appuyez-vous sur ces quelques remarques pour formuler des critiques assertives (voir encadré ci-contre) :

- **Privilégiez un tête-à-tête** plutôt qu'une discussion publique qui pourrait mettre mal à l'aise votre interlocuteur. Si cela vous semble nécessaire, revenez plus tard en public sur l'échange que vous aurez eu, une fois que vous aurez trouvé les solutions. Dans ce cas, votre critique pourra servir d'exemple et ne pas prendre des allures de mise en accusation.

Les caractéristiques d'une critique efficace

Être assertif ne revient pas à critiquer pour se soulager, se plaindre ou se venger. Quoi qu'il arrive, évitez à tout prix l'ironie et la mauvaise foi ! Ne vous basez pas sur le passé et vérifiez que votre reproche :

→ juge les faits et non les personnes ;
→ propose des solutions pour améliorer vos relations ;
→ aborde aussi les qualités, capacités et compétences de votre interlocuteur ;
→ suscite le dialogue.

- **Utilisez un vocabulaire précis et concis** en vous focalisant sur ce qui peut vraiment changer – par exemple, l'organisation (par un suivi personnel), la spécialisation (par le suivi d'une formation), etc..
- **Assumez votre critique** en vous exprimant à la première personne. Ne dites pas « Nous », mais « Je ».

• **Évitez les sentences définitives** et les mots comme « toujours » ou « jamais ». Vous êtes là pour chercher des solutions futures et non pour vous lamenter sur des faits passés.

• **Tenez compte des valeurs de votre interlocuteur.** Si vous mettez à mal ce que votre collaborateur juge bien, il y a de grandes chances pour que vous ne soyez pas entendu. Ne cherchez pas à comprendre vous-même les raisons qui ont amené votre interlocuteur à faire une erreur, préférez la description objective des faits .

• **Soyez réaliste,** n'exigez pas l'impossible et trouvez des solutions acceptables.

Pourquoi ne pas vous entraîner, seul dans un premier temps, puis dans un second temps auprès de personnes de confiance auxquelles vous avez de faibles critiques à formuler ? Rédigez vos reproches sur une feuille en précisant les faits, le contexte, les résultats attendus et les moyens pour y parvenir.

Parmi les situations les plus décisives, notez ces deux cas : révéler à un collaborateur son seuil d'incompétence et vouloir changer un comportement. Commencez par vous mettre à la place du collaborateur concerné : « Que seriez-vous prêt à entendre et quels compromis pourriez-vous accepter ? » Ensuite, vous pouvez :

• montrer d'abord votre compréhension : « Je sais que vous travaillez vite, mais... » ;

• exposer les faits précis qui vous posent problème sans porter de jugement de valeur : « Vous faites des pauses presque toutes les heures. » ;

• pointer du doigt les conséquences des faits reprochés : « Vous n'êtes pas un modèle d'exemplarité en termes d'assiduité. »

Pour obtenir des résultats solides, il vous faut, une fois la discussion engagée, chercher des solutions réalisables. Poursuivez l'échange jusqu'à ce que vous soyez d'accord sur la mise en œuvre de ces solutions (y compris sur les délais de réalisation).

Penser aussi à complimenter

Il va sans dire que, pour gagner en efficacité, il vous faut savoir critiquer et recadrer, mais aussi montrer votre reconnaissance.

Il n'est pas plus normal de bien faire qu'il est anormal de mal faire. Aussi, dites quand les choses vont bien, félicitez ceux qui prennent des initiatives, remerciez ceux qui font des efforts ou bien encore encouragez ceux qui sont sur la bonne voie. Cela permet entre autres de : motiver votre entourage, accroître la performance de vos collaborateurs et gagner leur confiance.

Veillez bien sûr à ne pas complimenter gratuitement votre entourage. Exprimez ce que vous ressentez dans le but de faire évoluer une situation, et non pas pour vous faire plaisir et redorer son image.

- **Formulez précisément vos compliments en vous basant sur les seuls résultats** et la bonne qualité du travail de vos collaborateurs. Dites ce que vous appréciez sans émettre de jugement de valeur.
- **Indiquez les raisons** qui vous ont poussé à féliciter l'un ou l'autre de vos collaborateurs. Un compliment n'est jamais gratuit, ne l'oubliez pas.
- **Choisissez le lieu de l'échange** selon le retentissement que vous espérez : une scène en tête à tête aura un moindre impact que dans un espace public, mais elle permettra d'éviter les sentiments de jalousie.
- **Soyez attentif à la juste mesure** pour distinguer reconnaissance et flatterie.

Si vous n'avez pas l'habitude de dire non, d'éconduire les solliciteurs, de critiquer ou de complimenter, il vous faudra sans doute un peu de temps avant de savoir vous exprimer avec tact. Poursuivez vos efforts pour faire face à tous les imprévus, y compris les changements.

VIVRE LES CHANGEMENTS AU MIEUX

Il est des changements contre lesquels vous ne pouvez pas lutter et que vous devez donc affronter. Pour ne pas perdre de temps et accepter au plus vite les événements qui pourraient vous déstabiliser, apprenez à gérer votre stress en anticipant les changements et en les faisant accepter autour de vous.

Anticiper le changement

Votre quotidien est rythmé par le changement, et le sera encore plus demain. Vous devez répondre à de nouvelles règles, utiliser de nouvelles méthodes, vous former à de nouveaux outils… Certains surviennent sans que vous ayez pu les imaginer, mais la plupart sont prévisibles.

Soyez curieux, restez en éveil, entretenez votre réseau pour savoir quels sont les changements prévus dans votre entreprise pour les semaines, les mois, voire les années à venir : déménagement, nouveaux logiciels, nouveaux clients… Puis, lorsque les échéances approchent, même si rien ne semble bouger, préparez-vous ! Sans quoi vous pourriez avoir à vous engager dans l'action du jour au lendemain, et cela ne ferait qu'augmenter votre stress.

Imaginez mentalement toutes les répercussions du changement programmé sur votre vie personnelle et professionnelle. Ainsi vous serez mieux préparé au niveau émotionnel et affectif pour faire face aux différentes situations à venir. Vous verrez que la visualisation mentale est une technique simple mais efficace.

Vous pouvez aussi établir un plan précis et concret de toutes les étapes probables que devrait induire le changement en cours. Envisager de petits objectifs à atteindre les uns après les autres est plus rassurant que de viser le seul objectif final.

Savoir faire accepter le changement

Il convient de connaître les différentes phases par lesquelles passe habituellement un collaborateur qui subit un changement afin d'agir en conséquence :

- **Phase de méfiance :** c'est le moment pour vous, manager, de fournir le maximum d'informations et d'être à l'écoute pour apporter des réponses aux doutes. Ainsi, un début de confiance peut s'installer.
- **Phase de maladresse et de malaise :** votre collaborateur rencontre des difficultés à appliquer les nouvelles méthodes. Vous l'aidez, la formation que vous lui donnez lui laisse le temps de s'habituer.
- **Phase de passivité et de résistance :** votre collaborateur se lasse, n'y arrive pas. N'hésitez pas à le mettre en contact avec les autres collaborateurs qui commencent à réussir.
- **Phase de curiosité :** votre collaborateur découvre qu'il peut y arriver et commence à s'intéresser. Laissez-le progresser à son rythme.
- **Phase de satisfaction :** votre collaborateur commence à réussir. Faites-le savoir aux autres et donnez-lui l'occasion d'aider les autres.
- **Phase d'accumulation :** les expériences réussies deviennent de plus en plus nombreuses.
- **Phase d'intégration :** les nouvelles recrues apprennent tout naturellement la méthode avec les collègues qui en connaissent les difficultés pour être eux-mêmes passés par toutes les étapes du changement.

Pour bien gérer votre temps, vous devez tenir compte des imprévus pour vous-même, mais aussi pour votre équipe. Cela exige de votre part d'être bien préparé et de savoir vous rendre disponible. Considérez le temps que vous consacrerez à ces deux missions comme un réel investissement dont vous récolterez très vite les fruits.

Prévoir les difficultés du changement

Avant de décider d'un changement de méthode dans votre service, prenez le temps de :

→ Listez les raisons du changement pour tester sa réelle utilité.
→ Envisagez les conséquences favorables et défavorables pour les utilisateurs.
→ Évaluez le degré de compréhension des objectifs officiels et implicites, les malentendus possibles au sein de votre service.
→ Distinguez les personnes concernées par le changement et testez leur degré d'implication.
→ Soyez lucide sur les réactions possibles et les effets de groupe.
→ Pesez les forces favorables et défavorables, et déterminez les chances de succès de l'opération.

Savez-vous anticiper les événements de votre vie professionnelle ?

Pour le savoir, répondez aux questions ci-dessous.

Affirmations

Vrai	Faux	1 • Il n'est pas utile de prévoir heure par heure mon emploi du temps sachant que les imprévus sont presque quotidiens et qu'ils bouleversent à chaque fois mon programme.
Vrai	Faux	2 • Je dois penser aux réunions, mais aussi aux rendez-vous fixés à l'avance avec des clients ou fournisseurs, aux congrès, séminaires, formations...
Vrai	Faux	3 • Je peux anticiper tous les événements et maîtriser tout à fait mon emploi du temps.
Vrai	Faux	4 • Pour moi, l'horizon prédictif est la période à venir dans laquelle je me suis projeté.
Vrai	Faux	5 • Je peux anticiper les réunions, même si je n'en suis pas l'instigateur.
Vrai	Faux	6 • Je ne prends jamais le temps de réfléchir aux nouvelles périodes qui s'annoncent, c'est une perte de temps.
Vrai	Faux	7 • Pour faire face aux événements, la méthode du code des priorités est parmi les plus efficaces.
Vrai	Faux	8 • Il n'est pas utile de concerter mon entourage pour organiser mon emploi du temps car nous n'avons pas les mêmes codes des priorités.
Vrai	Faux	9 • Le code des priorités est une méthode figée que je fixe une fois, au moment où je prends mon poste.

Pour connaître le résultat de votre autoévaluation, reportez-vous à la page 262.

L'essentiel

Avancer malgré les imprévus, c'est être capable de mettre en place un code de priorités pour gérer les urgences et les impondérables, et savoir dire non à certaines sollicitations, c'est aussi anticiper les changements pour mieux vivre les bouleversements qu'ils impliquent.

Déterminer la priorité de ses activités
Repérer les activités génératrices de résultats parmi l'ensemble de ses tâches. Les traiter en priorité en fonction de leur degré d'urgence et d'importance.

Décider de ses plages de disponibilité
Ouvrir sa porte aux collaborateurs à heures fixes et choisies. Se protéger des sollicitations intempestives en se gardant de répondre aux appels téléphoniques et entretiens inattendus.

Mesurer ses réactions
Prendre le temps de trouver les bons mots pour protester, critiquer ou complimenter.

Anticiper les grands changements
Rester toujours en éveil et connecté à son réseau pour être au courant des changements envisagés afin de mieux s'y préparer.

S'engager dans le mouvement
Accompagner ses collaborateurs dans le changement. Montrer l'exemple et tenir compte de la capacité d'adaptation de chacun.

-3-

Renforcer son équilibre de vie

S'appuyer
sur l'efficacité collective

Construire
une stratégie anti-stress

Concilier
sereinement responsabilités professionnelles et vie privée

Introduction

Maintenant que vous êtes mieux organisé, que vous disposez de davantage de temps libre, découvrez à présent comment le mettre à profit, à la fois pour vous et pour votre équipe. Cette troisième partie vous donne également toutes les clés pour réussir à concilier sans heurts responsabilités professionnelles et vie privée. Un équilibre qui vous permettra de vous épanouir au quotidien !

Pratique et opérationnelle, *La bible pour bien gérer son temps* vous propose un accompagnement sur mesure :

- Comment optimiser sa disponibilité pour renforcer les performances de son équipe ?
- Comment conjuguer avec harmonie vie professionnelle et vie privée ?
- Comment repérer les signes du stress et s'approprier les méthodes de relaxation ?
- Comment cultiver son optimisme et adopter une attitude résolument positive ?

Maintenant, c'est à vous de jouer !

- 1 -

Cultiver l'efficacité collective

Encourager
l'autonomie
de son équipe

Rester
disponible pour
ses collaborateurs

Maîtriser
les règles de
la délégation

CONTRIBUER À L'EFFICACITÉ COLLECTIVE

Soyez convaincu que la gestion du temps et des priorités ne s'apparente pas à une compétence unique mais à une superposition de comportements multiformes qui fondent une « tournure d'esprit », une « mentalité ».
La gestion du temps n'est facile pour personne. Pour donner envie aux autres de vous imiter, soyez exigeant avec vous-même et indulgent avec eux.

Développer une éthique relationnelle

L'efficacité collective est largement conditionnée par « le climat relationnel ». L'individu ne donne qu'autant qu'il reçoit. Une équipe solidaire, respectueuse des personnes, soucieuse d'une éthique relationnelle, additionne les talents et gomme les aspérités individuelles. Facilitez en conséquence l'entente, le respect mutuel, bannissez l'humour caustique qui détruit, faites preuve d'empathie (se mettre à la place de l'autre).

Il arrive un moment où l'efficacité personnelle rencontre ses limites et doit être relayée par l'efficacité collective. Et celle-ci, c'est la victoire de la solidarité.

Faire face aux nouveaux défis technologiques

Les « outils de la dématérialisation » (numérisation, échanges électroniques) remplacent lentement mais assurément les supports papier. C'est pourquoi en matière de gestion de temps, restez perméable à l'évolution des outils de travail en réseau. Mais les changements incessants, imposés par l'adaptation des organisations aux défis concurrentiels – ce qui n'étonne plus personne – entraînent beaucoup d'anxiété.

Compensez le manque de temps, la peur de l'erreur, celle de l'échec, par la « montée en puissance » de votre équipe dans l'usage appuyé des nouvelles technologies.

Mieux gérer son équipe au quotidien

Le temps du manager doit être consacré à mettre en place les conditions de réussite du travail de chacun. S'il ne doit pas se désengager du terrain, il ne peut se permettre d'y rester englué...

- Favorisez l'autonomie de vos collaborateurs. Recherchez des entrepreneurs, pas des apprentis. Plus ils seront autonomes et moins vous passerez de temps à les encadrer.
- Restez centré sur les résultats de leur travail plutôt que sur les processus. Privilégiez la prise d'initiative pour progresser. Ne jugez pas la personne mais le bilan de son action.
- Isolez-vous à chaque fois que vous en avez besoin. N'ayez pas la doctrine de la porte ouverte. Les interruptions morcellent votre emploi du temps.
- Limitez au maximum les urgences. Elles nourrissent une culture stressante du court terme qui génère de nombreux ratages.
- Prenez le temps d'informer régulièrement vos collaborateurs. Les audits de communication montrent que l'information la plus attendue est celle qui concerne leur devenir.
- N'intervenez que lorsqu'il y a blocage dans un processus de travail. Faites en sorte que votre équipe n'attende pas votre bénédiction pour avancer.
- N'empiétez pas sur le temps personnel de vos collaborateurs. Économisez leur « capital dévouement » pour les grandes crises.
- Prenez rendez-vous pour travailler avec eux. Échappez aux trop fréquentes discussions informelles qui dilapident votre temps.
- Cherchez à augmenter votre coefficient de temps maîtrisé lorsque celui-ci est inférieur à 60 % (40 % d'imprévus). Paradoxalement, plus l'effectif encadré est important et moins vous devriez être happé par des imprévus, lesquels peuvent se traiter sans vous.
- Transmettez par écrit ou e-mail les messages qui ne gagnent rien à être oraux. Sans chercher à devenir inaccessible, l'écrit facilite la concision et permet un traitement différé.

10 conseils pour gérer les gros dossiers

Votre hiérarchie vous a confié la responsabilité d'un gros dossier qu'il vous incombe de mettre en œuvre auprès des membres de votre équipe. Que vous utilisiez ou non un logiciel d'aide à la planification, l'établissement du planning est peut-être la phase la plus délicate du travail, car les dérapages sont souvent liés à une sous-évaluation des phases nécessaires pour mener à bien un projet.

→ Fixez à votre équipe une date butoir en deçà de l'échéance réelle. Pour un planning établi sur 3 mois, par exemple, laissez-vous un battement de 2 à 3 semaines. Cette astuce vous permettra d'absorber les retards et de limiter les dérives.

→ Dotez-vous d'un système de planification fiable. Bien qu'un logiciel de planification n'ait jamais été une garantie de respect d'échéance, ses fonctions de programmation incitent à être vigilant aux paramètres (planning, indicateurs de variation de coût et de calendrier, etc.).

→ Ne vous engagez pas sur des échéances irréalistes. Si les échéances ne vous sont pas imposées, ne vous mettez pas en difficulté en annonçant une date intenable, surtout si vous n'avez pas l'expérience de ce genre de projet.

→ Bloquez des journées entières pour établir votre planning. Cela favorisera la concentration et l'esprit de synthèse et limitera la dispersion liée aux interruptions.

→ Informez à l'avance de vos indisponibilités. Tenez compte de vos indisponibilités dans le planning et prévenez vos collaborateurs, ils seront moins étonnés de vous voir pressé certains jours.

→ Considérez que la phase d'immersion prend la moitié du temps. On appelle « phase d'immersion » les étapes, souvent minimisées, qui consistent à prendre connaissance du schéma global, à s'informer sur les détails, à laisser l'esprit faire son travail de synthèse, à structurer les grandes parties.

→ Notez toutes les idées qui vous traversent l'esprit lors de la phase d'immersion. Ce sont des ancrages utiles que vous pourrez exploiter plus tard.

→ Désengagez-vous d'autres projets pouvant entrer en concurrence. N'acceptez de mener plusieurs projets de front que si vous en avez déjà l'expérience.

→ Profitez de vos moments de concentration. Parce que de tels moments ne se programment pas, sachez les exploiter au maximum lorsqu'ils se présentent.

→ Disparaissez si nécessaire. Sachez vous extraire de votre bureau si vous pouvez mieux vous concentrer ailleurs : une salle de réunion, un bureau inoccupé, chez vous. Laissez vos coordonnées uniquement pour les urgences.

En tant que responsable hiérarchique, passez-vous suffisamment de temps…

Notez dans le carré qui suit la question la mention « oui » si vous estimez passer suffisamment de temps à satisfaire la question posée, puis comptez le nombre de oui.

À informer votre équipe sur les enjeux de demain et du changement des modes de travail par des discussions ou la circulation d'informations (articles, abonnements journaux) ?

À écouter les membres de votre équipe sur les difficultés qu'ils ont à respecter les objectifs que vous leur avez fixés ?

À promouvoir la polyvalence pour mieux faire face aux pics d'activité et favoriser la « réactique » (capacité de réaction aux changements du marché) ?

À diagnostiquer les surcharges de travail de votre personnel pour alléger les uns et mieux répartir sur les autres ?

À identifier les profils d'évolution des postes pour accompagner les nouvelles technologies ?

À définir de nouveaux objectifs de progrès pour anticiper les réorganisations ?

À analyser votre définition de fonction pour confier aux membres de votre équipe les missions ou tâches qui sont les vôtres (par transfert et non délégation permanente) ?

À montrer de la reconnaissance auprès des personnes de bonne volonté ?

À réfléchir à l'adaptation de vos comportements managériaux selon les besoins de chaque membre de l'équipe et au cas par cas ?

À organiser des moments de plaisir (pour marquer un événement, reconnaître une performance ou simplement faire la fête : danser, boire et manger) ?

Pour connaître le résultat de votre autoévaluation, reportez-vous à la page 262.

PARTAGER SON AGENDA

Pour favoriser la transmission d'informations et donc une meilleure communication interne, n'oubliez pas de faire savoir quand vous êtes disponible ou ne l'êtes pas. Partager votre agenda vous fera gagner du temps, à vous qui pourrez vous concentrer sur vos activités quand vous en aurez besoin, sans risque d'être dérangé, et à vos collaborateurs qui ne se déplaceront pas pour rien lorsqu'ils auront besoin de vous voir.

Rester accessible

L'une des qualités que les collaborateurs apprécient chez un manager, c'est sa capacité à rester accessible. Quelle que soit votre aptitude à déléguer, vos collaborateurs auront toujours besoin de vous joindre pour certaines décisions.

Les réunions d'équipe, briefings et autres rendez-vous à date fixe donnent un cadre certain à vos échanges, mais vous pouvez aller encore plus loin en vous dotant d'un logiciel de partage d'agenda, type Outlook ou Notes.

Ces logiciels existent dans la plupart des entreprises, mais ils restent sous-employés, souvent par méconnaissance ou tout simplement par oubli. Donnez l'exemple et vous verrez que les réticences de vos collaborateurs disparaîtront.

Pour une utilisation optimale, sachez que ces agendas ont deux types d'accès :

- **En consultation.** Vous permettez alors à votre équipe de consulter votre agenda. Elle pourra ainsi savoir à quel moment vous solliciter pour des rendez-vous ou des réunions dans des périodes non occupées. Cet accès vous permet de rester toujours maître de votre emploi du temps ; vous pourrez notamment décliner des invitations.
- **En écriture.** Autant la consultation peut être ouverte à un grand nombre de personnes, autant il est préférable de limiter la possibilité d'écriture au strict minimum.

Vous seul décidez des rendez-vous et des réunions auxquelles vous allez participer. Si vous bénéficiez d'un(e) assistant(e) ou d'un collaborateur principal, il se peut que pour des raisons pratiques vous soyez obligé de leur permettre d'écrire sur votre agenda. Dans ce cas, prévoyez avec eux les créneaux horaires dans lesquels ils peuvent planifier des rencontres. Mais demandez-leur de toujours vous laisser confirmer vous-même les options qu'ils auront prises.

Finalement, être organisé, c'est optimiser son emploi du temps pour se rendre disponible aux autres, à ses projets, à ses missions clés...

Rester accessible, c'est aussi rester mentalement disponible. Un manager est d'autant plus apprécié qu'il donne le sentiment à ses collaborateurs qu'il les écoute réellement.

Pour y parvenir, rappelez-vous que la préservation, dans vos journées, de quelque temps forts est un bon moyen pour renforcer la qualité de vos journées et donc pour rester mentalement accessible.

Rester accessible sans être dérangé

Comment ? Grâce aux nouveaux moyens de communication comme les :

→ messageries sur vos téléphones filaires et mobiles ;
→ messageries de votre logiciel Outlook ou Notes ;
→ forums sur Internet ;
→ messageries instantanées Hangouts, Skype ;
→ réseaux sociaux comme Viadeo ou LinkedIn.

Sélectionnez soigneusement les canaux que vous utiliserez et ignorez ceux qui risquent d'accroître votre propension à la dispersion. En outre, limitez vos choix pour répondre à vos interlocuteurs dans des délais raisonnables et entretenir les liens qui s'établissent.

Se préserver quelque temps forts

Pour partager au mieux votre agenda, il est essentiel de vous préserver des « temps forts », c'est-à-dire des temps pour vous dont le contenu reste invisible aux yeux de ceux qui consultent votre agenda. Cela peut être notamment :

- **un moment que vous consacrez à la construction de vos principaux projets ;**
- **une respiration que vous vous autorisez dans la journée ou la semaine.** Par exemple un temps de lecture, un moment de sport supplémentaire... ;
- **un repas avec un interlocuteur de choix** au cours duquel vous ne serez pas dérangé par des appels téléphoniques ;

• **un simple moment de pause** que vous passez dans la bonne humeur en compagnie de quelques collaborateurs qui ont peu l'occasion de vous rencontrer.

Concrètement, choisir ses temps forts, c'est rechercher l'équilibre précédemment suggéré : un tiers de temps rouge protégé pour deux tiers de temps vert accessible (voir page 51).

Parsemez vos journées et vos semaines de moments privilégiés pour rompre avec le flux habituel de préoccupations et de sollicitations. Cela vous permettra d'évoluer dans vos projets et dans votre relation avec vos collaborateurs, pour exister plus et mieux.

Les temps forts partagés

Un temps fort peut aussi désigner :

→ une réunion d'équipe, si vous arrivez à en faire une réunion participative, au cours de laquelle vos collaborateurs s'investissent et expriment leur créativité. Soignez donc la convivialité de vos réunions !

→ un entretien que vous accordez à un collaborateur pour qu'il vous parle de lui, de ses projets. Et au cours de cet entretien, vous serez légèrement sorti des habituels rituels pour vous intéresser pleinement à cette personne et lui permettre de progresser.

S'ENGAGER DANS LA DÉLÉGATION

Vous aimeriez confier à l'un ou l'autre de vos collaborateurs certaines des tâches qui vous reviennent. Ainsi, vous auriez un peu plus de temps pour vous consacrer à des missions délicates ou moins opérationnelles. Mais savez-vous exactement comment opérer ? Connaissez-vous les tenants et les aboutissants de cette expérience ? Quel rôle allez-vous jouer concrètement ? Prenez le temps de comprendre la délégation avant de vous convaincre de l'intérêt d'une telle démarche.

Appréhender au mieux la délégation

Vous avez sûrement déjà entendu parler de délégation, mais savez-vous exactement à quoi cela correspond en termes de préparation, de responsabilités, de suivi ? Il s'agit, pour vous qui serez le délégateur ou délégant, de confier à l'un de vos collaborateurs appelé « délégataire », une mission précisément définie.

En fait, déléguer, c'est donner à son délégataire un but à atteindre dans le cadre d'un projet global ou de l'une de ses composantes. Ce but pourra être :

- **permanent (ou presque) :** la mission déléguée peut se prolonger dans le temps selon les besoins, avant de passer, à terme, sous l'entière responsabilité du collaborateur. Cette situation sera comme une sorte de test du collaborateur ;
- **ponctuel et exceptionnel :** la délégation sera une action unique.

Notez qu'il n'y a aucune différence quant à la manière de déléguer dans l'une ou l'autre des situations, à une phase près : celle du suivi des opérations.

Dans bien des cas, la délégation est comprise comme un « transfert de compétences », mais il existe en fait deux grands types de délégation :

- **la délégation de signature,** qui consiste à autoriser une tierce personne à prendre à votre place des décisions nécessitant votre signature, c'est-à-dire pouvant impliquer la mobilisation de fonds. Or, cette

Qu'est-ce que déléguer ?

C'est donner à son délégataire une certaine autonomie pendant une période définie. Celui-ci choisira les moyens et méthodes pour parvenir aux résultats fixés. Pour ce faire :

→ déterminez précisément le périmètre des activités à déléguer ;
→ choisissez votre partenaire avec soin ;
→ accordez-lui votre confiance ;
→ définissez avec lui son niveau de responsabilités ;
→ donnez-lui les moyens d'agir ;
→ investissez-le de l'autorité nécessaire ;
→ laissez-le choisir sa manière d'agir ;
→ mettez en place un système de suivi.

situation peut être biaisée. En effet, le responsable conserve souvent la signature justement pour contrôler l'activité de ses collaborateurs ; ainsi la situation s'apparente-t-elle en pratique à un simple transfert de compétences ou de responsabilités ;

- **la délégation de responsabilité,** qui consiste à confier à un collaborateur une responsabilité personnelle. À vous de délimiter clairement le champ d'action et de décision de votre collaborateur et de préciser les modalités du contrôle que vous comptez exercer.

Cette différence devrait vous permettre de définir rapidement les contours de votre délégation. Quelle que soit votre option, n'oubliez pas qu'une délégation n'est jamais un simple transfert de compétences ou un abandon de responsabilités, mais qu'elle implique un contrôle, ainsi qu'une soigneuse préparation.

Déléguer ne signifie en aucun cas se décharger de toute responsabilité. Au contraire, il résulte de la délégation une double responsabilité. Votre délégataire devra assurer les opérations qui lui seront confiées, tandis que vous répondrez toujours des résultats devant votre hiérarchie. La délégation se joue à deux, ne l'oubliez pas. En somme, la délégation est un échange réciproque entre deux individus qui visent les mêmes objectifs et aspirent aux mêmes résultats.

Croyez-vous pouvoir tout déléguer et dans n'importe quelles conditions ? La réponse est non, bien évidemment. Si vous avez décidé de vous lancer dans l'aventure, sachez que la délégation s'effectue dans un cadre bien précis. Mais quel rôle allez-vous donc jouer ?

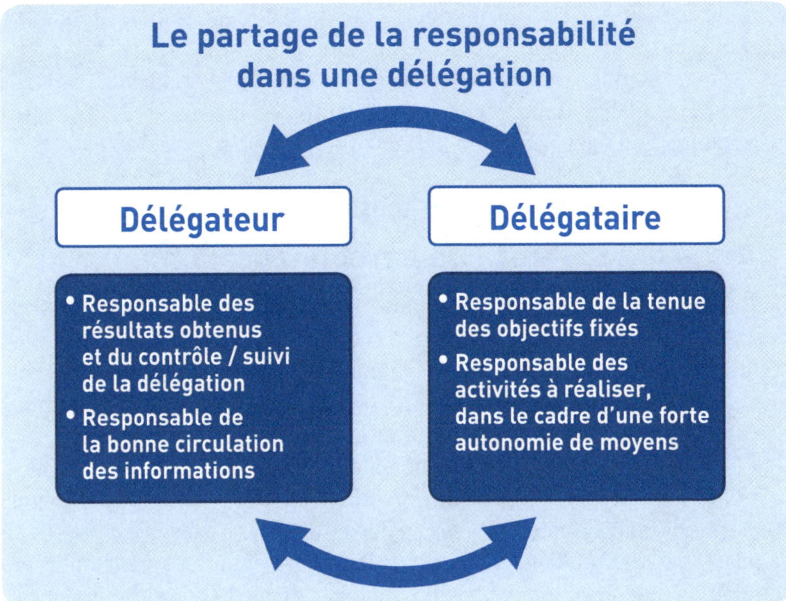

Clarifier le rôle du délégateur

Vous avez un savoir et savoir-faire conséquents, vous savez mener de front plusieurs projets et missions, mais vous n'êtes pas le seul ! Regardez autour de vous, ne voyez-vous pas des collaborateurs compétents auxquels vous pourriez faire confiance ?

Pensez donc à la délégation ! Cet outil, s'il est bien utilisé, peut vous faire gagner un temps précieux tandis qu'il permettra à votre collaborateur d'apprendre, d'acquérir de l'expérience, de confirmer ses compétences... sous réserve de respecter les conditions de l'échange.

Ainsi **votre rôle consistera à** :

- **définir précisément les objectifs** de la mission ;
- **décrire rigoureusement les résultats** attendus ;
- **accorder une certaine autonomie** au délégataire sans vous décharger complètement de vos responsabilités ;
- **fournir les moyens** nécessaires ;
- **surveiller le déroulement des opérations** sans intrusion, en affichant les méthodes de contrôle ;
- **faire circuler les informations,** en particulier avec la hiérarchie.

Vous ne pouvez pas confier n'importe quelle tâche à n'importe lequel de vos collaborateurs, malgré toute la confiance que vous leur portez. Choisissez avec soin les missions, en raisonnant toujours en termes de valorisation (de votre collaborateur, de la qualité des tâches...). Enfin, restez disponible ! Vous devez être un acteur dynamique de la délégation.

Le délégateur : un personnage complexe

Cadre dans une société de consultant depuis 12 ans, Henri a longtemps hésité avant de déléguer. Il découvre à chaque nouvel échange de nouvelles facettes de son personnage : « Être délégateur, c'est assumer un rôle complexe. D'abord, c'est à nous de choisir l'élu, celui que l'on reconnaît pour ses compétences, sa motivation, celui qui est digne de confiance. Il faut à la fois l'encourager et rester disponible pour lui, tout en le contrôlant. Il faut l'inciter à prendre des initiatives et à être autonome. Il faut l'écouter, sans devenir son confident, il faut l'aider et le sanctionner lorsque cela ne va pas. C'est une relation vraiment particulière. Déléguer, c'est établir une relation de confiance tout en maintenant une distance professionnelle raisonnable ! »

SÉLECTIONNER LE BON DÉLÉGATAIRE

Il s'agit à présent de choisir un délégataire parmi vos collaborateurs. Certes, la décision n'est pas simple à prendre, mais elle est inévitable ! Sachez donc sur quels critères évaluer les candidats, car les seules compétences ne suffisent pas. « L'élu » devra aussi être motivé et, bien sûr, disponible.

Distinguer compétences et motivation

La délégation compte deux acteurs principaux : vous et le délégataire. La réussite des opérations repose donc sur les aptitudes et compétences des deux partenaires en même temps. Choisir son délégataire est une étape décisive.

• **Commencez par présélectionner vos candidats :** pour ce faire, utilisez cette méthode simple qui consiste à bâtir un tableau à 4 colonnes avec :

Tâches à déléguer	Compétences requises	Personnes détenant les compétences dans votre équipe	Personnes en capacité d'acquérir les compétences
___	___	___	___
___	___	___	___
___	___	___	___

• **Puis organisez un entretien individuel avec chaque candidat pressenti.** Le délégataire trouvera là l'occasion d'en savoir un peu plus sur le projet, de découvrir les tâches, les objectifs et les résultats attendus. Quant au délégateur, il pourra juger des qualités et aptitudes de son futur partenaire. Pendant chaque rencontre, soyez particulièrement attentif :

- aux compétences du candidat, d'une part, c'est-à-dire à ses capacités avérées et vérifiables ;
- à sa motivation, d'autre part : quels sont les motifs qui ont poussé le candidat à accepter l'entretien ?

• Utilisez ensuite ces éléments pour dessiner un schéma (voir encadré ci-dessous). Ce dernier vous aidera à faire le bon choix car, même compétente, une personne en mal de motivation n'assurera sans doute pas la délégation de manière pleinement satisfaisante.

Clarifier le profil d'un collaborateur

Ce schéma devrait vous aider à recruter le bon candidat. Ce dernier doit être compétent mais aussi motivé par les tâches que vous avez choisi de lui confier. S'il lui manque l'un ou l'autre, instaurez des processus de formation et de motivation.

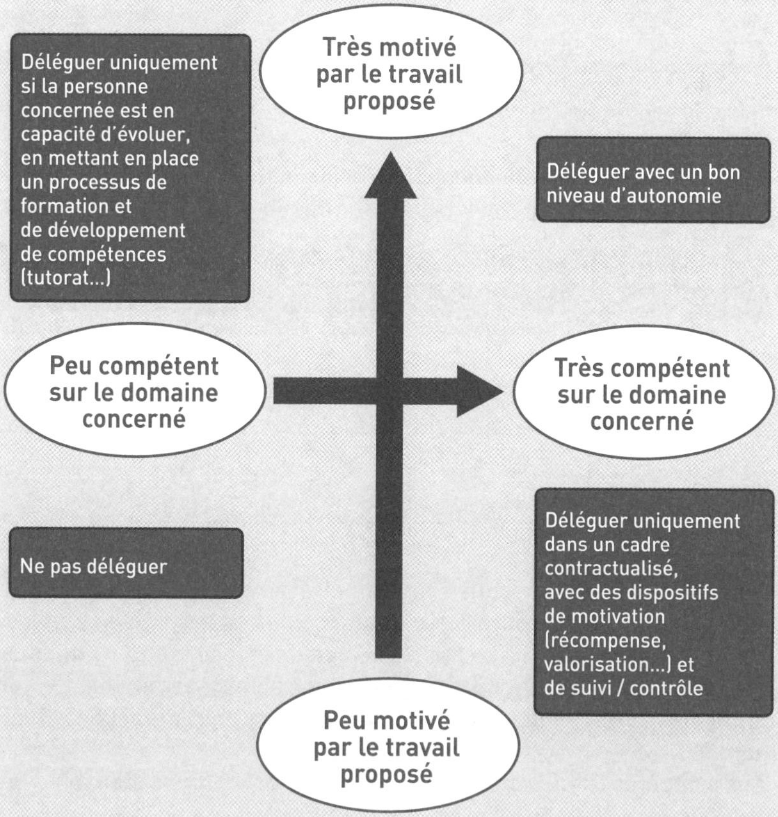

Pour compléter votre étude, interrogez votre collaborateur : sur son attitude face au risque ; sur ses aptitudes à trouver des solutions seul et en groupe ; sur ses facultés à dialoguer.

Si vous n'avez pas l'habitude de travailler avec lui, vérifiez auprès de ses proches collaborateurs s'il :
- fait preuve d'autonomie ;
- est organisé et rigoureux ;
- a l'esprit d'initiative ;
- sait se montrer ambitieux ;
- s'implique dans son travail ;
- résiste au stress.

Attention au systématisme

Évitez de déléguer toujours au plus compétent ou bien à celui qui ne dit jamais « non ».

Trouver le bon délégataire est une première étape, cherchez maintenant à savoir si votre candidat peut assumer les fonctions de son poste en parallèle aux missions que vous proposez.

Vous allez bien sûr solliciter plusieurs collaborateurs avant de trouver « le bon ». Pensez à ceux qui sont plus compétents que vous ou susceptibles de le devenir, mais aussi à ceux qui ont envie de progresser et que vous voulez tester.

S'assurer de la disponibilité de son collaborateur

Peut-être avez-vous trouvé le délégataire idéal, compétent, motivé, ambitieux et rigoureux, mais est-il vraiment disponible ? Il le semble, à première vue, mais qu'en est-il réellement ? Votre collaborateur peut répondre « oui » à la demande que vous lui faites sans vraiment prendre la peine de raisonner en termes d'organisation. Soit parce qu'il est désireux de vous prouver ses capacités, soit parce qu'il préfère votre mission à ses propres projets, ou bien tout simplement parce qu'il ne sait pas dire « non » !

Pour en savoir plus sur l'état des missions de votre collaborateur :

- **Faites le point sur ses projets en cours :**
- Quand arriveront-ils à leur terme ?
- Quelle est leur ampleur et peut-il les mener de front avec les tâches que vous avez à lui confier ?
- Travaille-t-il actuellement sur des projets communs ? Si oui, ses collaborateurs peuvent-ils lui dégager un peu de temps ?

• **Vérifiez l'agencement de ses prochaines missions :** évaluez ensemble le temps nécessaire à leur mise en place, leur réalisation ainsi que leur échéance.

• **Renseignez-vous auprès de la hiérarchie sur les possibles évolutions du délégataire :** est-il promu à un nouveau statut dans les mois à venir ? Vos supérieurs ont-ils besoin de lui pour des missions particulières ?

Il ne s'agit pas seulement de savoir si le délégataire que vous avez en vue est libre non seulement dans les semaines, mais aussi dans les mois qui viennent ! Il doit être disponible pendant toute la période nécessaire à la réalisation des tâches.

Au besoin, dégagez-lui du temps en revoyant la répartition des activités au sein de l'entreprise. Ce qui peut conduire à retirer certaines tâches quotidiennes à votre délégataire pour les confier à d'autres. Ce qui revient à proposer une délégation dite « en cascade » qui profitera à un plus grand nombre de personnes.

Constituer un « pool » de délégataires potentiels

Les membres de votre équipe ne sont-ils pas amenés, un jour ou l'autre, à devenir délégataires ? Gardez cette question à l'esprit lorsque vous serez en situation de changer l'un ou l'autre de vos collaborateurs, notamment :

→ au cours d'un entretien de recrutement, assurez-vous que le candidat connaît l'outil « délégation » ;

→ en cas de roulement interne, recherchez les collaborateurs qui ont l'esprit d'initiative pour les intégrer à votre équipe ;

→ au quotidien, maintenez des conditions de travail agréables, afin de ne pas voir partir vos bons éléments.

Êtes-vous prêt pour la délégation ?

La grille ci-dessous vous permettra de savoir si vous êtes prêt à vous lancer dans l'aventure ou si vous avez d'abord quelques actions préparatoires à mener.

Oui	Non	Je centralise aujourd'hui l'ensemble des décisions relatives au bon fonctionnement de l'équipe et à la qualité de ses productions.
Oui	Non	Les tâches sont actuellement réparties par compétences.
Oui	Non	Je suis débordé par les tâches de gestion au quotidien.
Oui	Non	Il y a dans mon équipe des personnes en capacité de prendre en charge de nouvelles tâches.
Oui	Non	Je fais confiance à mes collaborateurs.
Oui	Non	Je fixe actuellement des objectifs à mon équipe.
Oui	Non	J'ai développé un savoir-faire en matière de formation de mes collaborateurs.
Oui	Non	Je sais comment contrôler les travaux réalisés par mes collaborateurs et les résultats obtenus par l'équipe.
Oui	Non	Je connais bien les compétences de mes collaborateurs.
Oui	Non	Je connais dans le détail les activités de mon équipe.
Oui	Non	Je laisse de l'autonomie à certaines personnes.
Oui	Non	Les moyens matériels et les possibilités de formation sont très limités.
Oui	Non	Mes supérieurs m'ont déjà délégué des tâches.

Pour connaître le résultat de votre autoévaluation, reportez-vous à la page 263.

L'essentiel

Cultiver l'efficacité collective, c'est fédérer son équipe autour d'une éthique relationnelle et encourager son autonomie, c'est enfin reconnaître le potentiel de ses collaborateurs et l'exploiter pleinement en utilisant la délégation.

Faire connaître ses plages de disponibilité
Penser aux logiciels de partage d'agenda. Permettre la consultation de son emploi du temps pour rester accessible tout en se réservant des moments à soi.

Apprécier le travail de ses collaborateurs
Être attentif aux membres de son équipe pour repérer leurs initiatives et leurs prises de risques, leurs bonnes expériences…

Inviter son équipe à mutualiser les bonnes pratiques
Mettre en avant les réussites de chacun et inciter les autres à s'en inspirer. Installer ainsi une dynamique positive.

Réussir ses délégations
Se convaincre de l'intérêt de la délégation. Tenir compte de la motivation et des compétences de ses collaborateurs pour mettre en place un processus gagnant-gagnant.

2

Structurer son temps professionnel et personnel

Concilier
vies professionnelle
et privée

Trouver
le bon rythme

S'accorder
du temps pour
décompresser

CHOISIR LE BON ÉQUILIBRE

Le bonheur et l'harmonie se trouvent dans l'équilibre. Voilà pourquoi il est si important de bien partager votre vie entre temps professionnel et privé. De plus, sachez que chaque investissement dans une sphère (professionnelle ou privée) a des effets positifs ou négatifs sur l'autre. Il ne vous reste donc plus qu'à trouver le juste milieu.

Adopter la théorie des ballons

Vous connaissez l'expression « Mettre tous ses œufs dans le même panier » et vous savez que ce n'est jamais une bonne solution. Il en est de même pour votre équilibre.

Si vous placez toutes vos attentes dans votre travail, vous pourrez vivre le moindre échec dans ce domaine comme une catastrophe. En revanche, si votre épanouissement personnel passe aussi par des loisirs, la famille ou d'autres engagements sociaux, vous aurez plus d'une corde à votre arc pour rebondir.

Essayer d'équilibrer vos vies vous permet par conséquent de vous prémunir contre les effets d'éventuelles mésaventures et de gagner en sérénité dans votre quotidien.

Pour comprendre la théorie des ballons, imaginez quatre ballons suffisamment gonflés qui vous aident à vous maintenir en apesanteur, c'est-à-dire dans un état d'équilibre. Un ballon représente votre vie professionnelle, un autre vos loisirs, un troisième votre famille et vos amis et un quatrième symbolise vos engagements sociaux.

Si vous ne portez aucune attention à l'un de ces ballons, il va se dégonfler et vous ne pourrez pas vous élever. Mais, de la même façon, si l'un de ces ballons est beaucoup plus gonflé que les autres, vous aurez également du mal à vous élever en maintenant l'équilibre. D'où l'importance de bien partager votre vie entre toutes ces activités. Car en cas de soucis avec un de ces quatre ballons, vous aurez encore assez de ressources pour ne pas tomber de trop haut, les trois autres vous maintiendront en équilibre.

Les quatre ballons à gonfler pour votre équilibre

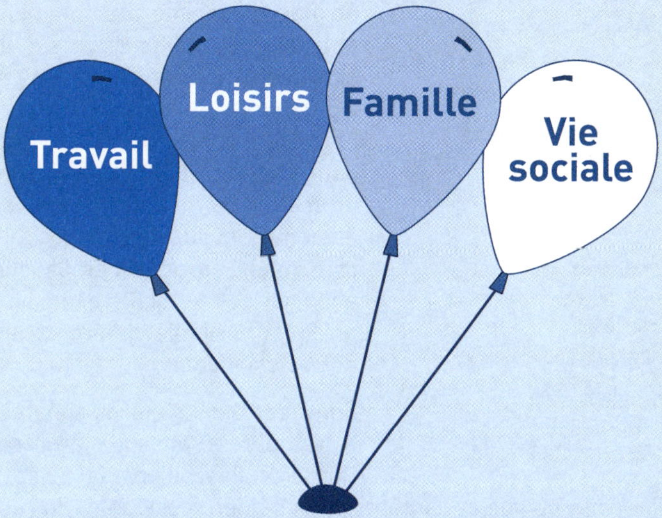

Mettre en place un cercle vertueux

Plus vous arrivez à alimenter chacune de vos quatre sphères, plus vous avez de chance de vous épanouir. En effet, la vie de chaque sphère influe sur les autres. Il suffit par exemple de tomber amoureux pour voir votre travail sous un autre angle. De même, si votre activité professionnelle vous permet de vous accomplir, vous êtes sûrement plus à l'aise en société. Et si vous nourrissez une passion pour un loisir qui n'a rien à voir ni avec votre famille, ni avec votre travail, vous développez encore d'autres possibilités de vous ouvrir et de vous épanouir.

Chaque sphère de votre vie agit par ricochet sur les autres ; un enrichissement mutuel qui augmente grandement vos chances de trouver l'harmonie au quotidien.

À l'inverse, si vous n'avez pas encore trouvé l'équilibre entre vies privée et personnelle, vous risquez de ramener tous vos soucis personnels au travail ou *vice versa*.

Prenez note des bienfaits de l'équilibre

Pour le dictionnaire le *Petit Robert*, l'équilibre se définit notamment comme « une harmonie entre les tendances psychiques qui se traduit par une activité, une adaptation normale ». Les synonymes proposés sont : le calme, la sérénité, la stabilité.

L'équilibre vous apporte :

- → moins de stress ;
- → plus d'ouverture ;
- → plus de relations sociales ;
- → plus de compétences ;
- → un enrichissement intellectuel ;
- → un épanouissement personnel.

Prenez conscience que le fait de vous accorder du temps pour votre vie privée améliore votre productivité au travail. En effet, en étant moins stressé et plus disponible mentalement, vous obtenez de meilleurs résultats. Vos activités extraprofessionnelles peuvent également vous aider à développer de nouvelles compétences, un atout qui peut s'avérer utile pour décrocher une promotion ou même changer de métier en temps voulu. Il n'est en effet pas rare qu'un salarié soit embauché grâce à la rubrique « Loisirs » de son CV, qui a fait la véritable différence avec les autres candidats.

S'investir dans d'autres sphères que le travail permet aussi d'élargir ses relations sociales, des réseaux nécessaires tant du point de vue de l'intérêt privé que professionnel. En résumé, il n'y a que des avantages à mieux partager votre temps entre ces quatre sphères.

Cependant, pour comprendre la notion d'équilibre, il faut revoir votre conception du temps. En général, seul le temps travaillé est considéré comme une véritable activité. Et beaucoup ont tendance à passer leur temps « libre » à attendre de retourner au travail. Si c'est votre cas, il faudra totalement repenser votre emploi du temps global. Une heure non travaillée est aussi importante à investir qu'une heure travaillée ! Trouvez des activités qui vous plaisent à pratiquer seul ou avec des proches pour profiter de votre vie personnelle.

Quelle place accordez-vous à votre travail ?

Votre travail passe-t-il avant tout ? Pour savoir si vous êtes un accro du boulot, répondez par oui ou par non aux affirmations suivantes :

Affirmations

Oui	Non	Si vous gagniez au loto, vous continueriez sûrement à travailler ou vous investiriez dans des sociétés auxquelles vous croyez.
Oui	Non	En week-end ou en vacances, vous avez toujours une petite pensée pour votre travail.
Oui	Non	Avec vos collègues, vous ne discutez que de travail. Vous n'avez pas le temps de bavarder sur d'autres sujets.
Oui	Non	En général, vos amis ou votre famille vous offrent des cadeaux en rapport avec votre travail (agenda, stylo, livres sur le sujet...).
Oui	Non	Vos amis vous reprochent souvent d'être absent à leurs réunions, fêtes ou autres moments de détente.
Oui	Non	Au réveil, vos premières pensées concernent le travail.
Oui	Non	Vous êtes presque toujours d'accord pour effectuer des heures supplémentaires ou des remplacements.
Oui	Non	En semaine, vous préférez déjeuner avec des collègues qu'avec des amis.
Oui	Non	Lorsque l'on vous donne une nouvelle mission à remplir, vous êtes fier.
Oui	Non	Vous avez du mal à accepter que l'on vous retire un dossier en cours, même si vous avez déjà beaucoup de travail.
Oui	Non	Vous ne dites jamais « non » à votre patron.
Oui	Non	Vous considérez que parler de sujets d'actualité et de loisirs au bureau est une perte de temps.
Oui	Non	Vous êtes passionné par ce que vous faites.
Oui	Non	Vous êtes perfectionniste au point de passer volontairement des heures supplémentaires à finir un dossier.
Oui	Non	Vos émotions peuvent souvent être très vives quand il s'agit de votre travail.

Pour connaître le résultat de votre autoévaluation, reportez-vous à la page 263.

SÉPARER CLAIREMENT SES VIES PROFESSIONNELLE ET PRIVÉE

Travailler moins n'est pas forcément synonyme d'une vie privée plus riche. En effet, il ne faut pas confondre qualité et quantité. Rien ne sert d'être présent à la maison si votre tête est au bureau, et vice versa. C'est pourquoi vous devez apprendre à bien séparer chaque sphère de votre vie.

S'impliquer pendant ses heures de travail

La majorité des personnes organisent leur vie privée en fonction de leur vie professionnelle. Cette pratique est salutaire si vous arrivez à bien séparer votre travail des autres activités sans trop vous éparpiller car dans ce cas, vous êtes bien plus disponible et efficace. Dans le cas contraire, vous risquez de ne satisfaire personne : ni vous, ni les autres.

La solution n'est pas, en effet, d'accumuler des heures supplémentaires. Alors, suivez ces quelques conseils pour vous impliquer autrement au travail :

• **Intéressez-vous à votre entreprise :** en vous informant davantage sur ce qui se passe dans votre entreprise, vous vous sentirez plus impliqué. Vous pouvez ainsi vous intéresser :
– au chiffre d'affaires annuel ;
– aux secteurs d'activité concernés ;
– à la stratégie globale ;
– aux types d'investissements entrepris ;
– au comité d'entreprise, etc.

Essayez d'avoir une vision globale de votre métier et de votre entreprise pour avoir des repères solides et vous sentir plus à l'aise dans votre structure.

• **Respectez les codes en vigueur dans votre entreprise.** Chaque entreprise a une histoire et des valeurs : plus vos propres critères sont en adéquation avec les codes en vigueur, plus vous êtes serein au quotidien. Certaines entreprises affichent leurs valeurs dans une charte

que le salarié doit signer lors de son embauche. Mais la plupart du temps, ces codes sont non écrits et c'est à vous de bien les identifier et de les respecter. Ils peuvent ainsi concerner :
- la manière de se parler au sein de l'entreprise (tutoiement ou non) ;
- les diverses procédures (pour prendre ses congés, etc.) ;
- la manière de demander un rendez-vous avec le patron ;
- les occasions pour organiser un pot entre collègues, etc.

Pour ou contre le travail du dimanche ?

La question soulève régulièrement la polémique. Car comment profiter de votre vie privée si vous travaillez quand tout le monde est de repos ?

Il en est de même pour les personnes travaillant de nuit ou avec des horaires décalés. Dans ces cas-là, il peut être plus difficile de concilier vie sociale et travail mais tout est possible avec une bonne organisation.

• **Adoptez un style vestimentaire adéquat.** La tenue vestimentaire fait également partie des us et coutumes d'une entreprise et il est difficile d'y déroger. Lors de vos premiers jours dans l'entreprise, il est donc conseillé d'adopter un « look » neutre afin de ne froisser personne. Puis très vite, vous repérerez les libertés plus ou moins acceptées en la matière.

• **Évitez les bavardages privés.** En travaillant tous les jours avec les mêmes personnes, vous liez forcément des liens privilégiés avec certaines d'entre elles. Mais veillez toutefois à ne parler que de sujets professionnels dans vos heures de travail. Profitez de vos temps de pause, comme le déjeuner, pour aborder d'autres sujets plus personnels. Évitez cependant de dévoiler toute votre vie privée au bureau.

• **Réservez vos démarches personnelles pour vos temps de pause.** Les occasions de prendre du temps pour vous au travail sont légion : un coup de fil personnel, réserver un hôtel pour le week-end, surfer sur Internet... Pour ne pas perdre votre efficacité et votre concentration, effectuez ces démarches lors de vos temps de pause ou en fin de journée.

Protéger sa vie privée

• **Réservez des plages horaires pour vos rendez-vous privés.** Notez tous vos rendez-vous personnels sur votre agenda professionnel. Si vous avez l'impression de ne pas passer assez de temps avec vos enfants ou votre conjoint(e), indiquez les rendez-vous privilégiés prévus avec eux (12 h 30 : déjeuner avec votre compagne/compagnon, 18 heures : accompagner mon enfant à tel spectacle...).

- **Limitez l'influence de votre travail à la maison.** Il peut vous arriver d'emporter du travail à la maison, mais prenez conscience que, dans ce cas-là, même sans être dans les murs de l'entreprise, vous consacrez toujours votre énergie au travail. Pour bien séparer la sphère professionnelle de votre vie privée, organisez votre espace de travail à la maison :
  - prévenez votre famille que vous travaillez une heure et que vous n'êtes pas disponible pendant ce temps-là ;
  - de même, filtrez les coups de fil professionnels lorsque vous êtes à la maison, faute de quoi vous vous empêcherez de profiter pleinement de votre vie privée ;
  - une fois votre travail terminé, consacrez-vous vraiment à votre vie familiale sans penser à votre travail.
- **Profitez des services de votre entreprise avec modération.** Certains services proposés par votre entreprise peuvent vraiment vous faciliter le quotidien : crèches d'entreprise, vacances organisées par le comité d'entreprise... En revanche, vous devez rester maître de vos choix : veillez à ce que ces bonnes intentions n'empiètent pas trop sur votre vie privée. Par exemple, ne profitez de la crèche d'entreprise que si ce mode de garde vous convient.

Variez les plaisirs

Pour avoir une vie équilibrée et harmonieuse, prévoyez chaque semaine dans votre emploi du temps un certain nombre d'activités non professionnelles. Et notez-les sur votre agenda au même titre que tous vos rendez-vous. À vous ensuite de varier les plaisirs entre loisirs, sport, dîner entre amis, déjeuner en famille, jeu avec vos enfants, détente au hammam ou encore pause cinéma... Le plus important est de ne plus penser au travail pendant ces plages horaires.

OPTER POUR UNE VIE SAINE

Adopter une hygiène de vie saine est indispensable pour réussir à atteindre un certain équilibre personnel. Alimentation, sommeil, activité physique et détente participent à un état général de bien-être. Ils conditionnent votre réponse au stress, influencent vos relations avec les autres, améliorent votre capacité à prendre du recul ou, au contraire, à vous engager dans l'action.

Surveiller son hygiène de vie

Vous aurez ainsi plus de ressources pour faire face aux pressions du quotidien.

• **Mettez l'accent sur une alimentation équilibrée :** même si vous vivez à un rythme effréné, prenez le temps d'effectuer trois repas par jour et pensez à :

- adapter vos rations : optez pour un petit déjeuner copieux, un déjeuner normal et un dîner léger, vous capitaliserez ainsi vos ressources énergétiques ;
- prendre le temps de manger, et notamment sortir de votre environnement de travail entre midi et 14 h 00 même si vous êtes pressé. Manger un sandwich tranquillement dans un cadre agréable sera plus bénéfique que de l'avaler devant votre ordinateur ;
- mâcher lentement ! Au-delà de l'équilibre alimentaire, pensez à votre digestion ;
- modérer votre consommation d'alcool, de tabac et de café. Alcool et tabac grignotent vos vitamines et le café vous excite de façon temporaire et inadapté s'il est pris par habitude.

• **Réunissez les conditions d'un sommeil réparateur :** c'est l'un des meilleurs remparts contre le stress et la fatigue. Le sommeil permet véritablement de recharger les batteries. Pour autant, il n'existe pas de quota d'heures idéales. À chacun son rythme. Écoutez votre corps et plongez-vous dans votre lit dès que vous commencez à bâiller. Pour trouver facilement le sommeil, essayez de vous coucher à des heures fixes tous les jours en instaurant des rituels : lire quelques pages, regarder 10 minutes la télévision, boire une tisane, se brosser les dents, etc. Ainsi, vous préparez votre corps et votre esprit à un sommeil réparateur en lui donnant des repères.

Enfin, prenez ou reprenez l'habitude de pratiquer une activité physique régulière. En plus des 20 minutes de marche quotidienne, inscrivez-vous à une séance de sport une fois par semaine pour évacuer votre stress et réguler le fonctionnement de votre organisme (voir section suivante). Les effets de ces initiatives ne se feront pas attendre.

Pour mieux vous endormir

→ Évitez les dîners copieux car une digestion difficile peut vous empêcher de dormir, mais ne sautez pas non plus le repas du soir, car votre estomac crierait famine au milieu de la nuit.
→ Faites le vide dans votre tête. *Exit* les préoccupations professionnelles ou personnelles. Détendez-vous. Dites-vous que la nuit porte conseil et que, demain, vous verrez les problèmes sous un autre jour. Créez une ambiance propice au repos dans votre chambre. Éteignez la télévision, la radio ou encore la musique… et votre téléphone portable. Votre chambre doit rimer avec tranquillité.
→ Relaxez-vous. Quelques exercices de respiration ou une tisane calmante peuvent également vous aider à trouver le sommeil.

Garder du temps rien que pour soi

Peu de personnes se réservent des plages horaires de manière égoïste dans leur agenda. Pourtant, ces pauses sont indispensables pour décompresser et s'épanouir pleinement. Prenez le temps de vous relaxer, de prendre soin de vous : c'est excellent pour votre équilibre personnel et votre moral.

Complétez la liste suivante par vos propres envies :

• **Le spa :** depuis peu à la mode, les instituts de spa envahissent les villes. À l'instar de la thalassothérapie et de la balnéothérapie, l'eau offre en effet des soins régénérateurs plus efficaces. Au programme : jacuzzi, hammam, piscine à jets mais aussi massages, enveloppements d'algues, etc. De quoi vous détendre et vous faire oublier tous vos soucis. Vous en sortirez vivifié et doté d'une énergie nouvelle.

- **La coiffure et l'esthétique.** Moral en berne, tête des mauvais jours... Rien de tel qu'une visite chez votre coiffeur ou d'un soin en institut pour vous redonner le moral. Un conseil qui vaut d'ailleurs autant pour les femmes que pour les hommes. En effet, aujourd'hui, de nombreux soins esthétiques (soin du visage, soin du dos...) sont adaptés à la gent masculine.
- **Ne rien faire** fait également partie des activités à essayer de temps en temps ! Laissez quelques trous dans votre agenda pour flâner. Cette permission vous aidera à décompresser en prenant du recul...
- **Etc.**

Un seul mot d'ordre : le plaisir

Gardez quelques pauses dans votre agenda durant lesquelles vous vous faites vraiment plaisir. Inutile de vous rendre à cette exposition ou à ce cours de piano si votre envie profonde est de lire un bon roman calé dans votre fauteuil. Ces moments privilégiés, vécus dans le plaisir, vous aideront aussi à vous détendre et à vous ressourcer. Alors, peu importe l'activité tant que le cœur y est.

Puis choisissez quelle(s) pause(s) vous allez inscrire dans votre agenda dès la semaine prochaine.

BIEN CHOISIR SES LOISIRS

Faire du sport ou suivre un cours de sculpture ne vous sera bénéfique que si cette activité vous plaît vraiment. Vous aurez plus de facilité à vous investir régulièrement dans la durée si vous trouvez un loisir approprié à vos attentes, vos besoins, votre personnalité, vos goûts...

Trouver son activité

Vos loisirs ne doivent pas être vécus comme des activités contraignantes dans votre emploi du temps car ils n'ont pas de caractère obligatoire ! À vous de trouver une activité qui soit vraiment source d'épanouissement. Voici quelques conseils pour vous aider à trouver une activité qui réponde à vos attentes.

De quel type d'activité a-t-on vraiment besoin ?

• Vous défouler tout en vous changeant les idées sans contraintes : optez alors pour des activités qui ne demandent pas trop de règles à respecter ou à apprendre. Vous n'êtes pas obligé de vous inscrire à une activité régulière. Rien ne vous empêche d'alterner plusieurs activités, sauf que planifier de nouvelles activités demande plus de temps et d'énergie.

• Vous exprimer : le théâtre, la danse, l'écriture et certains ateliers de poterie, de dessins, de peinture ou d'arts plastiques vous donnent la possibilité de vous exprimer d'une façon nouvelle. Testez plusieurs cours avant de vous engager sur le long terme.

• Vous cultiver : musée, expositions, conférences... Ce type de loisirs ne manque pas. Cette activité doit néanmoins rester un réel plaisir. Ne vous forcez pas. La visite d'un lieu n'a pas forcément de but en soi, si ce n'est de le découvrir...

• Vous reposer : le meilleur des loisirs est parfois de ne rien faire ! Vous pouvez en profiter pour vous relaxer, bouquiner tranquillement ou encore flâner au gré des ruelles ou dans un parc.

Une fois l'activité choisie

• **Vérifiez vos aptitudes.** Pour mieux vous épanouir, choisissez une activité pour laquelle vous avez déjà un certain don ou des aptitudes physiques. Car se mettre à la boxe ou à la danse classique à trente-cinq ans peut se révéler difficile, et donc contraignant. Si vraiment vous y tenez, mieux vaut alors commencer par des activités transitoires pour vous mettre peu à peu à niveau.

- **Osez vous lancer dans l'inconnu.** Ne cherchez pas à devenir un as. Vous pouvez suivre un cours de poterie sans jamais avoir touché de la terre glaise. Renseignez-vous sur l'ambiance et l'objectif des professeurs afin de ne pas vous retrouver avec des adolescents entraînés comme des champions...
- **Tenez compte de l'aspect pratique.** Un cours réputé mais situé à l'autre bout de la ville risque d'être moins intéressant qu'un cours moins prestigieux à deux pas de chez vous. Ne négligez pas les temps de transport nécessaires pour vous rendre à vos loisirs. Et vérifiez votre disponibilité : il serait idiot de stresser pour arriver à l'heure à tous vos loisirs...
- **Prenez en compte l'aspect financier.** Certaines activités sont plus onéreuses que d'autres. Alors, dans votre choix, pensez également à considérer quel prix vous êtes prêt à consentir pour votre loisir.

Où trouver des idées d'activités ?

→ **Les mairies :** consultez leur site Internet ou les brochures disponibles à l'accueil pour recenser toutes les activités qu'elles organisent.

→ **Les bibliothèques municipales.** Ce sont des mines d'informations sur les activités de quartier ; on y trouve tous les magazines et publications locales.

→ **Les centres d'animation :** MJC, centres locaux, associations sportives... Autant de structures idéales pour choisir une activité près de chez soi.

→ **Les écoles d'arts plastiques, de musique, de danse...** Souvent plus adaptées aux activités destinées aux enfants, certaines écoles proposent néanmoins des cours spécifiques pour les adultes.

Tous ces conseils, valables pour une activité, le sont pour le sport que vous allez choisir. Lequel, pour être bénéfique, vous demandera probablement un investissement supplémentaire.

Pratiquer le sport qui me convient

Faire du sport présente de nombreux avantages déjà évoqués. Mais vous ne profiterez de ces avantages qu'à condition d'une pratique régulière. Vous manquez d'assiduité ? Vérifiez que vous avez tenu compte des 4 critères suivants :

• **Votre plaisir à le pratiquer.** Ayez un réel intérêt pour le sport. Évitez de choisir un sport uniquement en fonction des calories qu'il vous permet d'éliminer ou des muscles qu'il vous promet de développer.

• **L'intensité.** Préférez une activité régulière courte à une séance longue et intense. Pour être efficace, trois séances hebdomadaires de trente minutes ou dix minutes d'exercices quotidiens sont recommandés. L'idéal est même d'ajouter une séance plus intense le week-end.

• **Votre capacité d'endurance.** Les sports d'endurance sont particulièrement recommandés parce qu'ils ont à la fois l'avantage de vous défouler et de vous assurer une bonne santé. Ils permettent en effet une bonne oxygénation et une meilleure circulation sanguine tout en vous musclant. Parmi les plus accessibles : la natation, la marche, le vélo, la course à pied... Mais qu'êtes-vous en mesure de supporter ?

• **Votre motivation.** Plus votre sport vous plaît, plus vous êtes motivé pour l'exercer régulièrement. Pourtant, il arrive que le froid ou le temps de transport vous décourage. Prenez l'habitude de noter vos rendez-vous sportifs sur votre agenda. Et évitez de trop réfléchir. Quitte à compter sur des amis pour vous stimuler en groupe.

En équilibrant vos vies personnelle et professionnelle, grâce notamment à une bonne hygiène de vie et un choix d'activité(s) extraprofessionnelle(s) adaptée(s), vous aurez tout naturellement tendance à positiver.

Savez-vous « segmenter » vos vies ?

Pour chaque affirmation suivante, cochez la réponse qui vous convient le mieux :

1 - Lorsque vous rentrez à votre domicile :

☐ a) Il vous arrive fréquemment de travailler.
☐ b) Il vous arrive de travailler de façon exceptionnelle.
☐ c) Vous ne vous remettez jamais à travailler.

2 - À la maison :

☐ a) Vous parlez volontiers de votre journée de travail.
☐ b) Vous êtes disponible pour les enfants et préparez le dîner.
☐ c) Vous parlez de vos futurs projets familiaux ou de vacances, etc.

3 - Lors de vos réunions entre amis :

☐ a) Vous parlez musique, cinéma, voyages..., de tout sauf du travail.
☐ b) Vous discutez de votre travail et des enfants, entre autres.
☐ c) Vous leur racontez tous les détails de l'ambiance au bureau.

4 - Pendant votre pause-déjeuner en semaine :

☐ a) Vous déjeunez avec vos collègues et vous parlez souvent de votre manager.
☐ b) Vous en profitez pour donner rendez-vous à des amis qui travaillent aussi dans le quartier.
☐ c) Vous préférez rester seul pour faire une vraie pause et vous déjeunez d'un sandwich.

5 - C'est la fin de la journée, et vous avez une urgence de dernière minute au travail :

☐ a) Vous restez parce que c'est exceptionnel.
☐ b) Vous rentrez chez vous, ce n'est pas votre affaire.
☐ c) Vous restez comme toutes les semaines...

Pour connaître le résultat de votre autoévaluation, reportez-vous à la page 264.

L'essentiel

Structurer son temps professionnel et personnel, c'est comprendre tout l'intérêt de bien distinguer travail et vie privée, pour réussir à mieux concilier bureau et famille, c'est aussi s'organiser une vie saine et équilibrée en n'hésitant pas à s'octroyer régulièrement des moments de détente.

Cloisonner travail, loisirs, famille et vie sociale

Faire la part des choses grâce à la théorie des ballons. Donner autant d'importance à son entreprise, sa famille et ses amis.

S'engager complètement dans sa vie professionnelle

Se concentrer sur ses seules missions professionnelles une fois installé à son poste de travail, ainsi que sur la vie qui se déroule dans l'entreprise.

Ne plus laisser son travail empiéter sur sa vie personnelle

Éviter d'emporter du travail chez soi. S'isoler pour le terminer au besoin. Ne pas être dépendant des services proposés par son entreprise.

Penser à son propre bien-être

Soigner son alimentation, son sommeil et s'astreindre à une activité physique régulière pour adopter une bonne hygiène de vie.

Oser s'offrir du (bon) temps

Consacrer une heure ou deux par semaine à un loisir de son choix pour ne plus penser qu'à soi.

3

Refuser de s'abandonner au stress

Être attentif
aux signes
du stress

Identifier
l'origine de
ses tensions

Gagner
en bien-être

REPÉRER LES SYMPTÔMES DU STRESS

Source de tension, de fatigue, de démotivation, le stress ne cesse d'amoindrir l'efficacité professionnelle. Aujourd'hui, il est omniprésent, aussi est-il indispensable de prendre les devants pour s'en protéger. Pour retrouver sérénité et énergie, apprenez à diagnostiquer votre stress en en reconnaissant les signes corporels et psychologiques caractéristiques.

Déceler les signes corporels du stress

Certaines expressions de la vie courante ne trompent pas : elles renvoient à une situation stressante mal vécue. Apprenez à déceler ces signes corporels du stress pour repérer la présence d'une situation stressante.

En cas de stress négatif, certains symptômes sont faciles à repérer :

- **les yeux morts,** c'est-à-dire des yeux qui ne montrent pas les émotions ;
- **le cœur lourd.** Vous respirez mal, ressentez un étouffement au moment d'une émotion. Ce phénomène est souvent accompagné d'une gorge serrée. Conséquence : vous vous étranglez facilement d'émotion ;
- **l'estomac noué :** vous avez mal au ventre ;
- **froid dans le dos :** un symptôme généralement associé aux mains froides et moites ;
- **tensions des muscles des épaules :** le stress est si lourd à porter qu'il se transforme en tension physique. Tel un fardeau sur les épaules ;

L'excès, signe de stress

Les comportements excessifs peuvent également traduire un état de stress. Exemples : une consommation plus élevée de tabac, alcool, sucreries, chocolat, un comportement autodestructeur, une prise de risque au volant, un achat inconsidéré, un travail excessif. Autant de comportements qui montrent que la personne est sous pression. Il faut donc essayer d'analyser avec clairvoyance ses comportements quotidiens.

• **se gratter, s'irriter :** les démangeaisons, prurits et autres symptômes sont des signes typiques du stress ;

• **serrer les dents,** contracter les maxillaires font également partie des symptômes du stress.

De même, l'hypertension, la colite, l'asthme, les dermatoses, la constipation, l'arthrite, les migraines, les insomnies, les cauchemars, les phobies, la transpiration, la bouche sèche, les tremblements, les maux de ventre, la fatigue chronique, l'agitation, l'irritabilité et l'énervement sont des signes corporels qui traduisent un état de stress.

Discerner les signes psychologiques du stress

Certaines personnes ont recours à des moyens psychologiques pour faire face au stress. Ces réponses consistent en :

• **Une attitude négative envers les autres** souvent accompagnée de cynisme et de pessimisme. La personne prévoit chez les autres une réponse négative avant même de poser sa question : elle projette sa propre attitude négative. Et par ricochet, elle reproche aux autres leur attitude négative. Son expression favorite : « Je ne suis vraiment pas aidée. »

• **Un repli sur soi.** C'est la conséquence logique de l'attitude négative. On devient « sauvage » et « solitaire », et on perd peu à peu ses amis.

• **Un entêtement et la rigidité.** C'est ce qui arrive lorsqu'on s'accroche désespérément à quelques idées, opinions ou projets sans tenir compte de la réalité.

• **Une obsession.** Lorsqu'on a du mal à se débarrasser de ses soucis qui occupent le champ de sa conscience. Il suffit même d'une contrariété mineure pour qu'elle se mette à tourner en boucle dans la tête.

• **Un conformisme de groupe.** La personne n'ose pas s'exprimer, elle préfère suivre le mouvement du groupe qui la protège plutôt que de se confronter à l'avis du groupe. Une attitude qui lui évite aussi la solitude.

• **Un optimisme de commande.** On nie avoir un problème en prétendant que tout va bien. On se domine au point que les problèmes sont totalement refoulés. Mais en général, cette maîtrise parfaite des signes psychologiques laisse une place plus importante à l'expression des signes corporels du stress.

- **Une apathie, la passivité.** Cet optimisme froid devient de l'indifférence aux gens et aux événements. On n'a plus goût à rien et plus de projet. Complètement absent, on semble flotter au milieu des événements. On ne se sent plus le courage d'entreprendre quoi que ce soit. On remet à plus tard avant d'abandonner.

Des mots pour dire les maux

Très souvent, vous utilisez des expressions en apparence anodines mais qui traduisent en fait votre état psychique.
Si les expressions suivantes font partie de votre vocabulaire quotidien, c'est qu'il faut réagir autrement :
« J'en ai plein le dos », « Ça me mine », « Ça me tracasse »,
« Ça me prend la tête », « Je suis ulcéré », « Ça me reste sur l'estomac »,
« Ça me bouffe », « Ça me fait mal au ventre »...

Qu'ils soient corporels ou psychologiques, les signes du stress ne mentent pas. Si vous avez l'habitude d'en ressentir certains, ne restez pas sans rien faire. Réagissez en cherchant quels sont les éléments à l'origine de ces symptômes.

Autodiagnostic de vos symptômes de stress

Autodiagnostiquez vos propres symptômes – corporels et psychologiques – de stress. Inscrivez une croix dans les cases correspondantes pour indiquer votre réponse.

Signes corporels du stress

Cela m'arrive très souvent	souvent	parfois	jamais	*Symptômes*
				Mon médecin m'a dit que j'avais de l'hypertension.
				J'ai des irritations et je me gratte beaucoup.
				J'ai les mains froides et moites.
				J'ai mal au ventre et l'estomac noué.
				J'ai la gorge serrée.
				Je serre les dents.
				J'ai mal au dos.

Signes psychologiques du stress

Cela me ressemble beaucoup	assez	un peu	*Symptômes*
			Je suis un solitaire, sauvage…
			Je préfère ne pas aller contre les avis du groupe.
			Mes soucis tournent en boucle dans ma tête.
			Je n'ai plus goût à rien.
			Je suis pessimiste.
			Je suis têtu et obstiné.
			Je me contrôle et je sais me dominer.

Pour connaître le résultat de votre autoévaluation, reportez-vous à la page 265.

RECHERCHER LES CAUSES DE SON STRESS

Pour quelles raisons êtes-vous stressé ? Si vous pouvez facilement repérer les événements importants susceptibles d'être source de stress, comme par exemple un licenciement, sachez qu'il existe de nombreux autres éléments, plus anodins, responsables de votre malaise. Pour mieux vous préparer à réagir positivement à ces événements, apprenez à les repérer.

Identifier les facteurs de stress

Georges Kohlrieser, un spécialiste allemand du stress quotidien, a déterminé sept facteurs de stress « confidentiels ». Il a classé ces facteurs par ordre décroissant :

- La perte. C'est le facteur le plus stressant de tous. Vous pouvez d'abord être touché par la perte de personnes proches : la mort, le divorce, la séparation ou le départ des enfants. Mais la vie professionnelle est aussi remplie de « pertes ». Par exemple, une mutation entraîne une perte des connaissances et des amis. Le déménagement est en effet une source de stress. Enfin, les pertes de tout ce qui peut vous être cher sont également un facteur de stress : perte d'argent, d'objets, d'animaux, une tâche particulière à accomplir, etc.
- Les incohérences liées aux buts poursuivis et aux valeurs. Toute contradiction liée à votre système de pensée est source de stress. Exemple : vous avez des valeurs morales qui s'opposent à certains aspects de votre vie professionnelle.
- Les relations difficiles et tendues avec les autres. C'est-à-dire tous les problèmes de communication et d'incompréhension avec les autres.
- La solitude et l'absence de relation. En général, l'isolement est synonyme de souffrance.
- Les petites contrariétés quotidiennes. Embouteillage, pas de place de parking, retards, réunions ennuyeuses, légères humiliations, etc. La dose de stress de ces petites contrariétés est faible, mais la répétition peut être lourde à porter. Rien de tel pour déclencher l'activité des hormones de stress.

• **La vitesse et le rythme de vie accéléré.** Manger vite, prendre son métro en courant, être réactif aux demandes... Cette obsession du temps, où il faut tout faire vite, est un fléau des temps modernes.

• **L'environnement extérieur.** Le bruit, le froid, le chaud, la laideur, le béton apparaissent comme des sources de stress à prendre en considération.

Vous reconnaissez être sensible à l'un et/ou l'autre de ces facteurs ? Mais avec quelle intensité vous affecte(nt)-il(s) ?

Le choc du futur

Selon Alvin Toffler, sociologue américain, la société moderne serait à l'origine de nombreuses sources de stress : accélération du temps, augmentation de la densité de l'information et des communications, besoin de nouveauté, augmentation de la population globale et de celle des villes, consommation accrue, accélération de la vitesse des transports, accélération de l'invention technologique, instauration de l'éphémère, société du « prêt à jeter », distance de plus en plus grande entre la résidence et le lieu de travail, parcellisation des tâches dans la production et relâchement des liens parentaux et familiaux.

Mesurer son stress

Réalisée en 1967 aux États-Unis, l'échelle de stress de Holmes et Rahe permet de chiffrer le niveau de stress que vous êtes susceptible de subir en fonction des événements de votre vie. Chaque événement est en effet assorti d'un nombre plus ou moins élevé de points en fonction de sa propension à engendrer du stress.

Les statistiques montrent que la probabilité de tomber malade varie en fonction du nombre de points acquis sur cette échelle d'évaluation du stress au cours des douze derniers mois :
- de 150 à 200 points, le risque de tomber malade est de 37 % ;
- de 200 à 300 points, le risque est de 50 % ;
- au-delà de 300 points, le risque s'élève à 80 %.

Ce ne sont cependant que des statistiques et de tels scores sont, bien heureusement, difficiles à atteindre. Surtout, cette échelle ne prend pas en compte les variantes d'une personne à l'autre. Ainsi, certaines personnes vont vivre un découvert bancaire comme une catastrophe tandis que d'autres vont considérer cette situation comme normale. De même, les jeunes s'adapteront plus facilement au changement que des personnes âgées, etc.

Après cette mise en garde, mesurez vous-même votre niveau de stress depuis un an en cochant les événements auxquels vous avez dû faire face : le nombre de points à additionner est indiqué dans la colonne Nombre de points.

Événements vécus au cours des 12 derniers mois	Nombre de points	Case à cocher
1 - Décès du conjoint	100	
2 - Séparation	65	
3 - Séjour en prison	63	
4 - Décès d'un proche parent	63	
5 - Blessure corporelle ou maladie	53	
6 - Mariage	50	
7 - Perte d'emploi	47	
8 - Réconciliation entre époux	45	
9 - Retraite	45	
10 - Modification de l'état de santé d'un membre de la famille	44	
11 - Grossesse	40	
12 - Difficultés sexuelles	39	
13 - Arrivée d'un nouveau membre dans la famille	39	
14 - Changement quelconque dans la vie professionnelle	39	
15 - Modification de la situation financière	38	
16 - Mort d'un ami proche	36	
17 - Changement de carrière	36	
18 - Modification du nombre de disputes avec le conjoint	35	
19 - Hypothèque supérieure à un an de salaire	31	
20 - Saisie d'hypothèque ou de prêt	30	
21 - Changement de responsabilité dans le travail	29	
22 - Départ de l'un des enfants	29	
23 - Problèmes ou difficultés avec les beaux-parents	29	
24 - Succès personnel exceptionnel	28	
25 - Début ou fin d'emploi du conjoint	26	
26 - Première ou dernière année d'études	26	

Événements vécus au cours des 12 derniers mois	Nombre de points	Case à cocher
27 - Modification de ses conditions de vie	25	
28 - Changements dans ses habitudes personnelles	24	
29 - Difficultés avec son patron	23	
30 - Modification des heures et des conditions de travail	20	
31 - Changement de domicile	20	
32 - Changement d'école ou de lieu d'études	20	
33 - Changement dans les loisirs	19	
34 - Modification des activités religieuses	19	
35 - Modification des activités sociales	18	
36 - Hypothèque ou prêt inférieur à un an de salaire	18	
37 - Modification des habitudes de sommeil	16	
38 - Modification du nombre de réunions familiales	15	
39 - Modification des habitudes alimentaires	15	
40 - Voyage ou vacances	13	
41 - Noël	12	
42 - Infractions mineures à la loi, contraventions	11	

Des sources de stress apparemment anodines

Il existe aussi des stresseurs psychologiques. Voici quelques exemples de situation ou d'état d'esprit qui peuvent être source de stress : dire non, demander de l'aide, prendre une décision, le manque de confiance, le perfectionnisme, le refus du droit à l'erreur, exprimer ses sentiments, donner son avis.

Une fois votre score établi, reprenez les réponses une à une. Vous constaterez que vous pouvez avoir une emprise sur certains éléments de façon à en diminuer l'impact. Mais vous pouvez aussi vous préparer en aval en apprenant à vous décontracter.

APPRENDRE À RESPIRER

Il existe plusieurs façons de lutter contre le stress. Vous pouvez en réduire les causes après les avoir identifiées, mais vous avez aussi le moyen d'en diminuer les effets grâce à la respiration. Pour limiter son impact sur votre organisme comme sur votre organisation, concentrez-vous sur votre inspiration et votre expiration : en oxygénant mieux votre corps, vous l'aidez à se détendre et à récupérer de l'énergie.

Redécouvrir sa respiration

Respirer, c'est vivre. La respiration permet de s'oxygéner et de rejeter le gaz carbonique. Or, une bonne oxygénation du sang et des mouvements respiratoires coordonnés facilitent la relaxation de l'ensemble du corps. Lorsque vous êtes stressé, vous respirez mal. Par conséquent, l'oxygénation et la récupération sont également moins bonnes. C'est pourquoi il est essentiel de s'intéresser à sa façon de respirer. Pour ce faire :

- **installez-vous confortablement** dans un fauteuil et fermez les yeux ;
- **concentrez-vous sur votre respiration :** observez son rythme, ses effets sur votre ventre, votre cage thoracique, votre dos, etc. ;
- **prenez le temps de regarder le mouvement respiratoire.** Inspirez et expirez lentement et profondément ;
- **levez-vous en reprenant doucement votre rythme naturel ;** vous devriez constater que le simple fait d'apporter un peu d'attention à votre respiration vous calme. Vous avez oxygéné vos poumons, ce qui est bénéfique pour votre organisme.

Sachez toutefois qu'une respiration par le ventre, c'est-à-dire respirer par la base des poumons, permet d'augmenter la capacité respiratoire pour bénéficier d'une plus grande réserve d'air. En revanche, la respiration haute, au niveau de la cage thoracique, est moins bénéfique car elle est beaucoup plus pauvre en oxygène.

Pour apprendre à inspirer en grossissant le ventre et en élargissant la cage thoracique, suivez ces étapes :

Inspirez lentement et profondément l'air par gorgées silencieuses, en quantité supérieure à la normale.

↓

Gonflez le ventre. Vous restez ainsi « plein d'air » pendant deux secondes.

↓

Élargissez la cage thoracique.

↓

Expirez à fond pendant 15 à 20 secondes et ainsi de suite.

Utiliser la respiration profonde

Une respiration profonde et régulière tend à faire reculer la fébrilité et l'émotivité. Vous vous sentez revigoré et vous êtes ainsi plus serein pour affronter une éventuelle tension. Une bonne respiration permet aussi de mieux oxygéner votre cerveau et donc de mieux penser… C'est pourquoi vous pouvez utiliser cette recette à tout moment pour vous détendre.

- **Installez-vous confortablement** et fermez les yeux.
- **Respirez uniquement par le ventre.**
- **Observez votre respiration.** Concentrez-vous uniquement sur votre inspiration et votre expiration.
- **Détendez-vous en relâchant tous les membres** de votre corps.

• **Aidez-vous en pensant à des phrases apaisantes** telles que : « je me sens bien, je me repose, je me détends... »

• **Faites cet exercice pendant au moins cinq minutes** avant de reprendre une activité.

La main sur le cœur

La main sur le cœur est une autre technique de respiration qui favorise l'endormissement :

→ placez une main sur votre cœur et l'autre sur votre ventre ;

→ respirez profondément et doucement sans changer de rythme ;

→ prenez peu à peu conscience de votre respiration et de l'effet de vos mains sur votre corps ;

→ restez dans cette position tout en vous concentrant sur votre souffle pendant cinq minutes. Et vous voilà endormi.

Pensez à vous exercer à bien respirer avec le ventre, profondément, cela vous permettra de canaliser vos accès de stress. Si, malgré tout, cette solution s'avère insuffisante, ayez recours à la relaxation pour retrouver une bonne fois pour toutes votre sérénité.

SE RELAXER VRAIMENT

Ouverte à tous, la relaxation est utilisée depuis des millénaires en Orient et séduit aujourd'hui de plus en plus d'adeptes en Occident. Voici des méthodes simples et efficaces pour accéder à cet état de relaxation et retrouver une certaine sérénité.

Découvrir comment se relaxer

La relaxation permet de vous détendre, c'est l'une des meilleures méthodes pour faire face au stress. Les techniques de relaxation sont utilisées depuis des siècles dans un grand nombre de cultures à travers le monde. Leur réussite repose sur deux conditions essentielles :

• **Le choix d'un environnement tranquille et calme,** où il y a le moins de distractions possibles, y compris et surtout sonores. La pièce doit être plongée dans une semi-pénombre et rester à une température ambiante moyenne.

• **La mise en place d'un mécanisme mental,** tel un son ou un petit mot peu distrayant en soi. Répétez par exemple le chiffre « un » ou « hum » mentalement ou à voix basse. Ce mécanisme sert à vous libérer de toutes pensées logiques.

Pour vous relaxer, suivez une à une les étapes ci-dessous :

1. Asseyez-vous dans une position confortable avec des vêtements dans lesquels vous vous sentez à l'aise ;
2. Fermez les yeux ;
3. Détendez successivement tous les muscles de votre corps, en commençant par les pieds ;
4. Faites cet exercice pendant dix à vingt minutes. Vous pouvez ouvrir les yeux de temps en temps pour regarder l'heure, mais ne mettez surtout pas une minuterie à sonner pour marquer la fin de la séance. À la fin de celle-ci, restez sans bouger quelques minutes en gardant les yeux fermés, puis ouvrez-les. Attendez un peu pour vous lever ;
5. Ne vous souciez pas de savoir si vous avez réussi à atteindre un niveau profond de relaxation. Gardez une attitude passive et permettez à la relaxation de venir à sa propre vitesse. Quand des pensées distrayantes vous viennent à l'esprit, n'y prêtez pas attention. Ignorez-les en continuant de répéter « un ».

Au bout d'un certain temps et avec l'habitude, la relaxation viendra facilement. Faites cet exercice une à deux fois par jour pour vous détendre. Mais évitez les deux heures qui suivent un repas : le processus digestif semble interférer avec la technique de relaxation.

Comment se relaxer au travail

Vous pouvez également utiliser les techniques de relaxation pour vous détendre pendant le travail. Sachez en effet que si vous pratiquez quotidiennement la relaxation, vous deviendrez plus efficace. Le simple fait de vous remémorer ce sentiment agréable de détente pendant vos activités peut vous aider à vous relaxer alors que vous êtes en plein travail.
À l'occasion d'une pause, rappelez-vous en détail comment vous sentiez vos bras, vos jambes, votre dos, votre cou, votre visage... Essayez de vous représenter une image de vous-même alors que vous êtes étendu sur votre lit ou assis confortablement dans un bon fauteuil. Cela vous aidera à retrouver ces sensations de détente. Répétez-vous mentalement : « Je me sens détendu. » En pratiquant cet exercice plusieurs fois par jour, vous constaterez que votre fatigue s'atténue et que vous gagnez en plénitude. Car en adoptant cette attitude de relaxation, vous éliminez les soucis, la tension et l'anxiété, créateurs de stress.

Tester les méthodes venues d'ailleurs

Venues entre autres d'Orient, plusieurs méthodes de relaxation se partagent la vedette depuis quelques années. Voici un petit guide de ces techniques qui rencontrent de plus en plus d'adeptes.

Rechercher l'harmonie avec le yoga

Originaire d'Inde, le yoga est sans doute la pratique de relaxation orientale la plus connue en Occident et en France. Cette discipline millénaire propose une approche globale de l'être humain : physique, mentale, émotionnelle, énergétique... Son objectif est de créer l'harmonie entre le corps et l'esprit pour retrouver la sérénité intérieure. Les exercices portent généralement sur la relaxation, la concentration, la respiration ainsi que sur de nombreuses postures qui permettent de lutter contre les tensions musculaires. Le yoga a des bienfaits physiques (souplesse, musculature) et psychiques (détente, relaxation).

Maîtriser son énergie avec le Qi Gong

Le Qi Gong est de plus en plus pratiqué en France et notamment dans les clubs d'arts martiaux. On l'appelle aussi « yoga chinois ». Le Qi Gong est en fait une discipline traditionnelle chinoise qui aide à maîtriser son énergie. Les exercices sont donc autant psychiques que physiques : mouvements circulaires et fluides, exercices de respiration profonde. Le tout en apprenant à vous concentrer et à canaliser vos pensées. Mais inutile de rechercher la performance ou le geste parfait. Le but est de prendre conscience de son corps et de se sentir à l'aise dans l'espace.

Se relaxer en prenant soin de soi

Rien de tel qu'une balade en forêt, un jogging, l'écoute d'un bon disque, une visite chez le coiffeur ou dans un institut de beauté. Profitez de ces moments pour libérer votre esprit du stress. Ne pensez plus à rien. Détendez-vous. Laissez-vous faire. Cet instant est pour vous. Autant le mettre à profit pour votre bien-être.

Se reconstruire avec la méthode Pilates

La méthode Pilates est surtout connue chez les stars hollywoodiennes qui l'affectionnent tout particulièrement. Cette technique a été inventée par Joseph Pilates. En s'inspirant aussi bien des arts martiaux que de la gymnastique ou de la méditation, il a mis au point une méthode globale pour se sentir mieux dans son corps et dans sa tête. Au final, la méthode Pilates ne compte pas moins de mille exercices ! Elle se pratique individuellement ou en petit groupe, avec des appareils spéciaux. Vous apprenez ainsi à reconstruire doucement vos muscles, à mieux respirer et à vous détendre.

Se détendre grâce au pouvoir des pierres volcaniques

Certains instituts de beauté et même certains kinésithérapeutes proposent ce type de massage à leurs clients pour les détendre. Concrètement, les pierres volcaniques de basalte sont chauffées et posées en quelques points précis du corps. Mais il peut arriver que le praticien alterne avec des pierres froides. Un contraste de température qui procure des sensations exceptionnelles. Cette méthode est réputée pour réduire les tensions musculaires et favoriser la circulation lymphatique.

Se ressourcer avec le Reiki

Mot japonais signifiant « force de vie universelle », le Reiki permet de se ressourcer d'une façon naturelle. C'est une pratique apparentée à la méditation qui permet un ressourcement énergétique. Il faut d'ailleurs savoir que cette pratique s'inspire de la culture bouddhiste. En fait, il s'agit de poser ses mains sur certaines parties du corps pour améliorer la circulation sanguine. Des gestes naturels et simples qui favorisent la détente. Cette méthode permet aussi de se ressourcer intérieurement et peut aider à rester positif.

Se redynamiser avec le massage

Le massage est également reconnu pour ses vertus relaxantes. Utilisé depuis des millénaires en Chine, il est en effet un des arts curatifs les plus anciens. En Occident, c'est toutefois le massage suédois qui est le plus répandu. Il consiste à effectuer de longs mouvements avec ses mains, à malaxer la peau et aussi à tapoter les muscles pour les détendre. Facile à réaliser chez soi, ce massage permet d'augmenter la circulation et de se relaxer totalement.

Il existe des dizaines d'autres techniques de massage mais elles requièrent plus de savoir-faire. C'est le cas, par exemple, du shiatsu aux vertus à la fois apaisantes et dynamisantes. Ce massage est basé sur le principe de la circulation de l'énergie. Il s'effectue en pressant les doigts sur les points d'acupuncture. Essayez et faites votre choix !

La phytothérapie

Les plantes ont parfois des vertus thérapeutiques. Elles peuvent par exemple vous aider à réduire votre nervosité ou à retrouver le sommeil. Vous pouvez les trouver facilement sous forme de tisanes ou d'huiles essentielles. Et vous pouvez aussi en verser quelques gouttes dans votre bain.

Savez-vous développer des recettes anti-stress ?

Lisez les descriptions des recettes anti-stress. Indiquez si vous les pratiquez et comptez vos points :

→ Très souvent : 7 points
→ Assez souvent : 4 points
→ Parfois : 2 points
→ Jamais : 0 point

Exemples de recettes anti-stress

Vous les pratiquez

Très souvent	Assez souvent	Parfois	Jamais	
				1 • Je me ménage des activités de détente.
				2 • Je pratique le yoga (le Qi Gong, la méthode Pilates, etc.).
				3 • J'aime bien rire tout seul ou avec des collègues.
				4 • Je pratique la respiration par le ventre.
				5 • Je me relaxe à ma façon.
				6 • Je prends régulièrement rendez-vous pour des séances de massage.
				7 • Je fais attention à mener une vie saine, c'est-à-dire en limitant le tabac et l'alcool et en privilégiant une alimentation diététique.
				8 • Je pratique un sport qui me plaît bien.
				9 • Je m'arrange pour me défouler après avoir vécu une situation stressante.
				10 • Je pense à toutes les choses heureuses que j'ai dans ma vie.
				11 • Je note sur mon agenda mes séances de sport.
				12 • J'utilise les escaliers au lieu de prendre l'ascenseur.
				13 • Je m'adonne à un sport d'endurance (natation, vélo, marche, jogging, etc.).
				14 • Je me ménage des pauses quand je me sens tendu(e).
				15 • J'utilise des méthodes de relaxation.
				TOTAL

Pour connaître le résultat de votre autoévaluation, reportez-vous à la page 265.

L'essentiel

Refuser de s'abandonner au stress, c'est, d'une part, en connaître les manifestations physiques et psychologiques, d'autre part, comprendre les origines de ses tensions, mais c'est aussi découvrir les méthodes de relaxation efficaces pour mieux gérer la pression.

Reconnaître les manifestations caractéristiques du stress

Penser aux symptômes physiques du stress (estomac noué, mains moites, tensions musculaires...) mais aussi aux signes psychologiques (repli sur soi, passivité, cynisme...).

À partir des symptômes, remonter aux origines de son stress

Savoir que les causes les plus fréquentes de stress sont : la perte, les changements, les relations difficiles, le rythme de vie...

Évaluer l'intensité des pressions vécues

Utiliser une méthode d'évaluation reconnue : l'échelle de Holmes et Rahe, sur une période d'au moins un an.

Soigner les symptômes de son stress

Travailler sur la respiration profonde pour canaliser le stress au moment où il se déclenche ou quand il s'accentue.

Éliminer les causes profondes de ses tensions

Faire appel à des techniques éprouvées de relaxation pour mettre en place un véritable traitement de fond.

4

Positiver et s'épanouir

Faire le point
sur son parcours
et ses succès

Profiter
des bienfaits
du rire

Renforcer
sa confiance
en soi

BOOSTER SON OPTIMISME

Grâce à une meilleure organisation, vous avez gagné en efficacité, mais aussi et surtout dégagé du temps pour vous. Et si vous l'utilisiez pour faire le point, pour retracer votre parcours et prendre conscience de vos différents succès ? Cette démarche vous encouragera à entretenir une attitude positive qui suscitera d'elle-même de nouvelles réussites.

Dessiner sa ligne de vie

Faites le point sur les événements marquants de votre vie : sur une feuille de papier, tracez deux colonnes : une pour votre vie privée et une pour votre vie professionnelle. Notez-y toutes les dates que vous considérez comme importantes (mariage, naissance, décès, rencontres, fêtes, voyages, maladies, embauche, période de chômage, promotion, etc.).

Dessinez votre ligne de vie. Prenez une feuille de papier et tracez une ligne horizontale représentant votre vie de façon chronologique. Sur la ligne horizontale, vous pouvez décider de l'échelle que vous souhaitez, par exemple par tranches de vie de 10 ans. Sur l'axe vertical, vous noterez les événements importants que vous avez listés précédemment.

Tracez ensuite deux courbes dans deux couleurs différentes : l'une pour votre vie privée, l'autre pour votre vie professionnelle. Lorsque vous estimez qu'un événement est positif, la courbe monte et, à l'inverse, elle redescend lorsque les événements sont jugés difficiles à vivre. De la même manière, dessinez la courbe de votre vie privée.

Visualisez votre vie avec ses hauts et ses bas en un coup d'œil. Les deux courbes ne sont d'ailleurs pas forcément parallèles. Elles peuvent se croiser, être opposées, etc. Mais prenez toutefois le temps de réfléchir à l'influence éventuelle de votre vie privée sur votre vie professionnelle, et vice versa. Dans tous les cas, essayez de

Dessinez les quatre ballons de votre équilibre

Dans le chapitre 2, vous avez appris que votre équilibre comportait quatre sphères : travail, loisirs, famille, vie sociale. Dessinez vos ballons avec tout ce que vous avez décidé de changer et qui fait que vous profitez davantage de votre temps, que vous avez réussi à créer un équilibre entre vie professionnelle et vie privée.

réfléchir à l'énergie que vous avez déployée, tant dans les moments difficiles que dans les très bons. Comment avez-vous anticipé chaque événement ? Et comment avez-vous réussi à rebondir après une phase difficile ? Même si ce n'est pas toujours les mêmes ingrédients qui vous font réagir, il est important de savoir déceler vos sources d'énergie qui stimuleront votre optimisme.

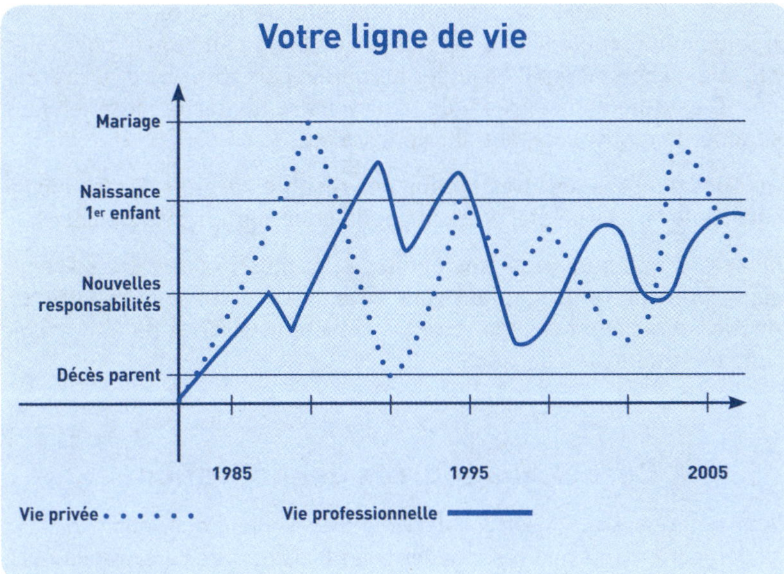

Être positif !

Vous pouvez vraiment améliorer votre état d'esprit au quotidien. Enthousiasme, pensées positives agiront sur les événements de votre vie, que ce soit dans la sphère professionnelle ou dans la sphère privée.

Adopter un état d'esprit optimiste se travaille tous les jours. Certaines personnes ont plutôt tendance à voir un verre à moitié vide alors que pour d'autres, il est à moitié plein. En extrapolant cette théorie à la vie quotidienne, vous pouvez vous aider à retrouver enthousiasme et motivation dans des moments de morosité. Pour cela, apprenez à mettre en valeur les points positifs d'une situation plutôt que de focaliser sur les points négatifs. Par exemple :

- au lieu de compter le temps perdu dans les transports, comptabilisez celui gagné à dévorer votre journal ;

- plutôt que de vous sentir découragé tant l'aboutissement de votre projet vous semble lointain, faites un point sur tout ce que vous avez déjà accompli et vous serez fier d'avoir parcouru un tel chemin : ce constat vous redonnera l'énergie pour aller de l'avant.

Si vous avez besoin d'aide supplémentaire, référez-vous à votre ligne de vie pour constater le chemin parcouru.

Attention, il ne s'agit pas non plus d'adopter la posture de l'autruche en refusant la réalité. Voir le verre à moitié plein plutôt qu'à moitié vide est juste un bon moyen d'observer le chemin parcouru, les progrès réalisés. C'est une astuce très utile pour vous remonter le moral et vous redonner la motivation pour aller encore plus loin.

Avoir des pensées positives produit des résultats positifs. D'où l'importance de favoriser un état d'esprit positif pour agir en conséquence.

Dites-vous que plus vous êtes optimiste, et plus vous vivez les événements présents en regardant vers l'avenir en étant plus constructif, conquérant et enthousiaste. Être pessimiste vous prive de tout espoir d'une éventuelle amélioration.

Cernez vos sources de motivation

L'Américain Abraham Maslow a décrit la théorie de la motivation en 1954. Les comportements motivés sont liés à des besoins sans cesse renouvelés. Les individus recherchent ainsi à satisfaire plusieurs niveaux de besoins :

1. les besoins physiologiques : boire, manger, dormir, etc. ;
2. les besoins sécuritaires : environnement sain et stable, sécurité, ordre, etc. ;
3. les besoins sociaux : famille, cercles d'amis, de proches, de communauté d'appartenance ;
4. les besoins de réussite : estime de soi et reconnaissance ;
5. les besoins de réalisation personnelle : accomplissement de ses idéaux, envie de savoir, de comprendre l'inexpliqué, de fuir la monotonie, de créer, d'inventer...

Il est nécessaire de satisfaire les premiers niveaux pour ressentir le besoin de satisfaire les besoins d'estime et sachez que vous aurez toujours de nouveaux besoins de réalisation personnelle.

Savez-vous penser positif ?

Plus vos pensées sont positives, plus vous boostez votre optimisme, ce qui favorise votre équilibre tant dans votre vie privée que dans votre vie professionnelle.

1. Faites le point en cochant la réponse qui vous convient le mieux pour chaque affirmation suivante :

Un célibataire vous confie ses angoisses :

☐ a) Vous lui confirmez que le prince charmant n'existe pas.
☐ b) Vous l'invitez à réfléchir sur ses échecs passés.
☐ c) Vous le rassurez en lui disant qu'il finira par trouver l'âme sœur.

Comment imaginez-vous l'avenir de vos enfants ?

☐ a) Ils seront des stars s'ils le désirent car ils ont du talent.
☐ b) Ils sauront saisir les opportunités qui se présenteront.
☐ c) Ils ren**contreront certainement plus de difficultés que vous.**

Votre collègue vous souffle la promotion que vous attendiez

☐ a) Vous patientez : la prochaine fois, ce sera pour vous.
☐ b) Vous abdiquez : elle est évidemment plus compétente que vous.
☐ c) Vous combattez : vous tentez de faire fléchir votre manager en votre faveur.

Une crise éclate au sein de votre foyer

☐ a) Vous décidez d'en discuter avec chacun.
☐ b) Vous pensez que ce n'est pas pire qu'ailleurs.
☐ c) Vous ne faites rien : vous détestez les crises, elles vous découragent.

Votre conjoint organise des vacances avec tous vos amis et leurs enfants alors que vous rêvez de désert et de calme :

☐ a) Tant pis, l'année prochaine, ce sera à votre tour de décider.
☐ b) Vous arriverez bien à vous isoler dans un coin.
☐ c) Vous faites la tête dans l'espoir que votre conjoint annule son projet pour vous faire plaisir.

→

2. Entourez vos réponses sur ce tableau et notez ensuite votre nombre de points par catégorie.

Affirmations	a	b	c
1	●	✗	✓
2	✓	✗	●
3	✗	●	✓
4	✗	●	✓
5	●	✓	✗

– Nombre de points ✓ que vous totalisez : ________

– Nombre de points ✗ que vous totalisez : ________

– Nombre de points ● que vous totalisez : ________

Pour connaître le résultat de votre autoévaluation, reportez-vous à la page 265.

VIVRE PLEINEMENT LES ÉCHANGES AVEC SON ENTOURAGE

Une meilleure gestion du temps vous permet d'échanger davantage et plus longuement avec vos collaborateurs, mais aussi vos amis et votre famille. Vous en profitez pleinement. Pourtant, il arrive encore parfois que vous vous sentiez un peu à l'écart ou incompris. Voyez comment améliorer vos échanges pour vous épanouir complètement.

Prêter une oreille attentive aux autres

Vous avez déjà une vie sociale et amicale bien remplie. Ce qui ne vous empêche pas non plus de faire de nouvelles rencontres. Dans tous les cas, vous pouvez peut-être encore améliorer votre façon de communiquer avec eux en leur prêtant une oreille plus attentive.

• **Intéressez-vous à votre interlocuteur.** Essayez d'identifier les caractéristiques de votre interlocuteur. Repérez vos connaissances communes, ses valeurs, son milieu social, son âge, le contexte, etc. En vous imprégnant de son monde, vous saurez mieux quel genre de sujets vous pouvez aborder avec lui et comment vous pouvez vous y prendre.

• **Créez un climat de confiance.** Prenez le temps d'écouter l'autre pour apprendre à le connaître. Au début d'une conversation, évitez de critiquer illico les propos que les autres avancent ! Essayez plutôt de montrer d'abord à votre interlocuteur votre attention en lui souriant. Plus vous vous montrez accueillant et positif, plus les autres auront confiance en vous.

• **Restez souple et ouvert.** Est-ce vraiment indispensable d'être exigeant avec vos amis ? Soyez indulgent. En montrant que vous avez confiance en l'autre, vous lui permettez aussi de venir plus facilement vers vous. Quitte à accepter parfois que vos amis ne réagissent pas comme vous vous y attendiez.

Encore plus d'amis

Il est toujours enrichissant d'élargir son cercle de connaissances et d'amis, même quand vous avez déjà une vie sociale bien remplie. Cela vous permet de briser un peu la routine, d'injecter une dose de nouveauté dans votre emploi du temps. Pour cela, une seule solution : ne pas rester seul. Plus vous sortez et développez vos activités, plus vous avez de chances d'élargir votre cercle. Et même lorsqu'il s'agit d'une soirée organisée par des amis de longue date, essayez de nouer des liens avec ceux que vous ne connaissez pas, même si vous êtes ravi de revoir vos amis !

• **Entretenez vos relations.** Il est important de savoir garder ses amis. N'hésitez donc pas à prendre les devants pour entretenir les liens que vous avez tissés : prenez des nouvelles, intéressez-vous à leur vie, lancez des invitations, faites-leur signe quand vous pensez à une activité qui pourrait les intéresser et soyez disponible quand ils ont besoin de vous.

Tous ces conseils vous permettront d'améliorer la qualité de vos échanges interpersonnels. Pour renforcer encore un peu plus vos communications, découvrez à présent comment augmenter leur impact sur vos interlocuteurs.

Améliorer son impact

Vous réussissez bien à vous épanouir dans vos relations tant professionnelles que personnelles. Mais, de temps en temps, vous aimeriez quand même bien que votre discours ait un peu plus d'impact sur vos interlocuteurs. Une force supplémentaire qui vous éviterait peut-être certaines disputes ou colères. Et qui vous permettrait de mieux vous faire entendre, voire respecter.

• **Croyez à ce que vous dites.** Si un parent gronde son enfant en souriant, il ne sera pas convaincant. Pour être crédible, il faut croire un minimum à ce que vous dites et la première personne à convaincre, c'est vous ! Essayez de parler le plus honnêtement possible. Montrez votre engagement pour toucher vos interlocuteurs. Veillez également à votre apparence : votre présentation et votre attitude ne doivent pas trahir le propos de votre discours.

• **Joignez le geste à la parole.** Pour une présentation devant des clients, servez-vous de vos mains pour montrer un document ou une chose sur laquelle vous souhaitez insister. Idem à la maison, où vous pouvez désigner l'objet qui est source de discussion pour appuyer vos arguments. Faites aussi attention aux petits gestes de nervosité qui peuvent trahir votre stress, comme la jambe qui se balance sans cesse, les doigts qui tapotent le bureau. Adoptez une attitude souple, décontractée, et n'oubliez pas que vous pouvez faire passer beaucoup de choses par le visage (le regard, un sourire, un froncement de sourcils). Autant de mimiques qui peuvent vous aider à muscler votre discours.

- **Mettez-y le ton.** Que ce soit à la maison ou au travail, certaines intonations sont très révélatrices du fond du message que vous souhaitez faire passer. Elles donnent du sens à vos paroles. Le choix des mots et des expressions est essentiel pour accrocher vos interlocuteurs. Mais essayez aussi de rendre votre discours vivant et dynamique. Par exemple, si vous haussez le ton, les autres sauront que les mots qui suivent sont très importants.
- **Soyez intelligible.** Pensez à bien articuler en surveillant votre débit de paroles afin de garder vos interlocuteurs en haleine. Si vous parlez trop vite, vous donnez l'impression d'avoir envie d'en finir le plus vite possible... Prévoyez d'ailleurs de faire quelques pauses pour reprendre votre respiration.

Vivre pleinement les échanges avec votre entourage vous permettra de cultiver votre bien-être. N'hésitez pas à aller encore plus loin dans cette démarche positive en misant sur le rire et l'humour.

RÉAPPRENDRE À RIRE

Pourquoi l'humour a-t-il réussi à traverser les siècles ? N'est-il pas la simple manifestation d'une émotion ? Certes non ! Les mobiles du rire sont aussi variés que ses bienfaits. Et c'est en partie grâce à cette richesse que le rire perdure depuis des millénaires. Et il n'a pas fini d'agiter nos zygomatiques.

Répertorier les mobiles du rire

Difficile de livrer des recettes toutes faites pour passer maître dans l'art du management par l'humour. L'idée serait plutôt d'en connaître les vertus et les dangers et d'en comprendre les mécanismes pour parvenir finalement à manier ce qui peut constituer un nouvel outil de votre palette de manager.

Pour commencer, voyez comment les fonctions du rire peuvent être interprétées pour affiner votre compréhension des types d'humour susceptibles de déclencher le rire.

- **Le rire social est le plus multiforme.** Il concerne la recherche de supériorité sur les autres (l'humoriste tente de mettre les rieurs de son côté), la tentative d'exclusion des marginaux, la critique du pouvoir ou celle des institutions.
- **Le rire cérébral procède d'une transgression des règles de la logique rationnelle.** Il fonctionne à partir de raisonnements absurdes nourris de jeux de mots et expressions populaires.
- **Le rire régulateur permettrait quant à lui l'équilibre mental nécessaire** à la cohésion d'une société. En procurant des satisfactions pulsionnelles souvent réprimées, ce rire autorise les jeux transgressifs et permet à l'enfant qui sommeille en chacun de reprendre ses libertés sources de plaisir.
- **Le rire défensif constitue un moyen de lutte** contre les effets de situations existentielles douloureuses et inquiétantes, mais aussi contre les thèmes qui dérangent, comme la pauvreté, le racisme, l'homosexualité, la violence, l'infirmité.
- **Le rire sexuel cherche le plaisir provoqué par la satisfaction symbolique** des pulsions voyeuristes et sadiques. Tout un programme sensible en entreprise !

• **Le rire agressif a pour intention de dévaluer l'objet du risible,** de faire du mal. Ce type de rire est provocateur, dénonciateur ; il a pour but de créer des préjudices et fait des victimes en les ridiculisant. Soyez vigilant à son égard !

Ces fonctions sont une première étape pour vous convaincre de tout l'intérêt du rire. Découvrez à présent les vertus de l'humour.

Rire, un état d'esprit

Les occasions de rire sont nombreuses dans la vie quotidienne, au sein de votre famille, entre amis et même au bureau. Le tout n'est finalement qu'une question d'état d'esprit et de contexte. Vous riez parce que vous êtes d'humeur légère et joyeuse, que vous êtes prêt à rire. Et cela n'est pas toujours évident, ni partagé ! Votre interlocuteur peut avoir la bonne histoire, racontée avec les bons mots et dans le bon contexte, si vous n'éprouvez pas l'envie de rire, vous ne rirez pas ! Pour être réceptif, le « rieur » doit être capable de « prendre les choses du bon côté ». C'est-à-dire que vous, ou votre interlocuteur, devez :

→ éviter de vous imposer trop de contraintes sociales, familiales ou professionnelles, contraignantes ou déplaisantes ;
→ accepter d'être surpris et ne pas craindre les imprévus ;
→ apprendre à vous faire plaisir ;
→ être en mesure de vous ménager des périodes compensatrices de détente et de lâcher-prise.

Si vous vous sentez ou sentez votre interlocuteur tendu, actionnez un ou plusieurs de ces leviers !

Constater les bienfaits du rire

Vous venez de voir et de comprendre les fonctions du rire. Mais au fond, dans votre vie de tous les jours, à quoi l'humour pourrait-il bien vous servir ? Plusieurs pistes peuvent être évoquées (voir aussi encadré page suivante) :

• la recherche de complicité, car le rire crée de la connivence ;

• satisfaire le besoin d'être rassuré, car en riant, vous vous sentez sur la même longueur d'onde que votre interlocuteur ;

• la marque de convenance, par exemple lorsque vous riez ou souriez à un jeu de mots de votre supérieur pour continuer à faire partie de la discussion ;

• le partage de plaisir que procure le rire ;

• une soupape de sécurité, car le rire peut détendre une atmosphère tendue, délivrer les acteurs d'une situation sensible et délicate ;

• un échange convivial, car le rire offre un moment de détente et de distraction.

Surtout, le rire secoue le corps tout entier et casse la parole : il déforme le faciès, est à l'origine de grimaces, mimiques, spasmes, respirations syncopées... Autant de manifestations qui font du bien. À ce titre, il contribue à alléger certaines tensions.

Le mécanisme peut par ailleurs vous aider à « faire une pause » lorsque vous êtes préoccupé, en vous faisant penser à autre chose, le temps de la plaisanterie. En fait, c'est une manifestation physiologique, le plus souvent incontrôlée et plutôt agréable par la sensation de lâcher prise qu'elle procure.

10 bonnes raisons pour utiliser l'humour en entreprise

Voici 10 bonnes raisons d'utiliser l'humour dans vos exposés, animations de réunion, présentations et dans toute autre communication de tous les jours. En effet, le rire est un outil qui :

- fixe la mémoire, car l'humour sollicite l'hémisphère cérébral droit, le cerveau créatif. En riant ou faisant rire, vous utilisez les deux hémisphères, ce qui multiplie le nombre de cellules sollicitées ;
- désamorce les conflits ;
- crée du lien, car le rire réunit ceux qui le partagent. L'humour peut faire voler en éclat les barrages, obstacles et clivages d'une assemblée ;
- ouvre les esprits pour les rendre plus réceptifs aux messages ;
- développe la créativité, car le rire permet de se lâcher et de penser à des idées auxquelles vous n'auriez pas eu accès sans lui ;
- met au jour les non-dits, car l'humour permet de trouver les mots pour aborder des sujets parfois délicats ;
- renforce la confiance en soi, car l'humoriste se sent apprécié, ou du moins en a-t-il l'impression, ce qui déclenche un sursaut de confiance ;
- captive et maintient l'attention de son public ;
- fait prendre du recul ;
- préserve votre santé.

INVENTER SA PROPRE RÉUSSITE

Avoir une vie bien équilibrée, c'est choisir celle qui vous convient vraiment. Et pour avoir la force de choisir, vous devez vous estimer suffisamment. Vous êtes en effet la seule personne à pouvoir définir précisément quel sens vous souhaitez donner à votre vie. En bref, construisez votre propre bonheur.

Développer son estime

Développer votre estime vous aide à vous ouvrir aux autres et à réussir à réaliser vos projets. Mais l'image que vous avez de vous-même ne correspond peut-être pas à la réalité. Il est temps d'apprendre à mieux vous juger.

Vous pouvez avoir tendance à vous dévaloriser pour de mauvaises raisons. Car l'estime de soi se construit dès l'enfance, et il se peut que des vexations familiales ou autres soient restées ancrées en vous comme une vérité. N'attachez plus d'importance à celles-ci, interrogez-vous plutôt sur ce que vous êtes réellement aujourd'hui :

- Comment définiriez-vous les compétences acquises à travers vos expériences professionnelles ?
- Quelles sont vos qualités : je suis sociable, etc.
- Sachez également tirer parti de vos faiblesses : on vous dit timide mais vous vous définiriez plutôt comme une personne réservée qui réfléchit avant de parler...

En répondant à ces questions, vous ouvrez les yeux sur votre potentiel et consolidez votre estime.

S'investir pleinement pour une vie heureuse

Pour beaucoup d'entre vous, réussir sa vie ne se limite plus à la seule sphère professionnelle. Vous refusez de choisir entre une belle carrière, une vie familiale comblée, une relation de couple réussie, une vie sociale enrichissante, des loisirs réguliers, des sorties, des vacances, etc. Réussir sa vie prend une définition très large avec une finalité suprême : être heureux. En fait, c'est à chacun de définir son propre bonheur.

S'il n'existe pas de recette miracle pour être heureux, vous pouvez néanmoins adopter un état d'esprit et une attitude propice à l'invitation au bonheur. Prenez connaissance de ces conseils indispensables :

• **Soyez réaliste.** Adaptez-vous à vos envies, vos capacités et votre environnement. Vous n'êtes pas un super-héros, respectez vos limites.

• **Réappropriez-vous votre corps.** Adoptez une vie saine en évitant les excès à répétition. Manger équilibré, respecter votre sommeil et faire du sport vous aideront à vous sentir bien dans votre peau au quotidien.

• **Apprenez à vous ressourcer.** Prenez le temps de vous relaxer et de vous isoler régulièrement dans un endroit calme. Une pause salutaire pour se détendre, réfléchir et refaire le plein d'énergie.

• **Acceptez le changement.** La vie est composée d'une suite d'événements. N'essayez pas de retenir le temps pour figer une situation qui vous semble confortable. Changez votre conception du temps, accueillez les nouveaux événements comme des opportunités, des chances d'évoluer.

• **Existez pour vous-même.** En somme, soyez libre de choisir votre destin. Osez dire non et apprenez à vous affirmer. Exprimez vos émotions et vos attentes. Ne cherchez pas sans cesse à plaire et à obtenir la reconnaissance des autres. Fixez-vous vos propres buts.

• **Restez ouvert aux autres.** Prenez le temps d'écouter les autres. Offrez-leur votre soutien. Se rendre disponible et utile pour autrui est une source de satisfaction personnelle.

• **Mettez l'accent sur des pensées positives et relativisez.** Tout en gardant une vision réaliste, essayez de percevoir le bon côté des choses. À tout dramatiser, vous vous persuadez que tout va mal ! Or adopter une attitude positive vous aide à réellement vivre des événements heureux.

• **Créez l'événement.** Ne ratez pas un bon moment sous prétexte que vous êtes exténué. Même s'il faut savoir se reposer, ne cherchez pas à vous économiser sans cesse. Entraînez-vous à organiser de petites fêtes chez vous, même s'il s'agit d'un petit dîner entre amis. Sortez de votre cocon routinier !

• **Vivez au présent.** Surmontez les événements passés pour en tirer des leçons utiles à votre vie actuelle. De même, ne vivez pas dans l'attente de jours meilleurs. Profitez de votre journée sans chercher à résoudre tous les problèmes à la fois. Trouvez du plaisir dans les choses simples. Votre vie, c'est aujourd'hui !

- **Multipliez vos centres d'intérêts.** Plus vous êtes engagé dans plusieurs sphères de votre vie, plus vous avez l'énergie pour rebondir face à des difficultés. Investissez du temps et de l'énergie dans vos passions au jour le jour. Il ne s'agit pas de remplir votre emploi du temps au maximum, mais de prendre du temps pour vous afin de faire ce à quoi vous aspirez vraiment, en accord avec vos désirs. Plus vous serez dans cette dynamique, plus vous aurez envie de vous investir davantage car vous gagnerez en bien-être.

Une gestion du temps optimisée permet de travailler dans de meilleures conditions et d'augmenter son efficacité professionnelle, mais aussi de mieux profiter de sa vie personnelle et de ses proches. Vous avez désormais toutes les cartes en main pour profiter de tous les bénéfices de cette démarche et vous épanouir pleinement.

Gagnez confiance en vous en dix étapes

→ **Soyez indulgent.** Personne n'est parfait. Et vous ne l'êtes sûrement pas moins que les autres !

→ **Acceptez les épreuves**, c'est aussi un bon moyen pour vous évaluer.

→ **Prenez des risques mesurés.** Qui ne tente rien n'a rien. En vous accordant le droit à l'erreur, vous avez plus de chance de réaliser vos projets.

→ **Choisissez des objectifs réalistes** tout simplement pour vous donner une chance de les réussir.

→ **Acceptez de l'aide.** C'est parfois essentiel pour réussir à tout concilier.

→ **Osez dire non.** Vous avez des limites à faire respecter.

→ **Soignez votre apparence.** L'estime de soi passe aussi par celle de votre corps et de votre image.

→ **Apprenez à connaître les autres.** Avant de considérer les individus comme des rivaux, donnez-leur une chance ! Vous verrez, c'est très enrichissant !

→ **Aimez-vous.** Osez regarder vos défauts en face soit pour les transformer en qualité, soit pour les accepter. N'oubliez pas non plus de lister vos qualités et de les mettre en avant.

→ **Entraînez-vous.** L'estime de soi se cultive au quotidien. Apprenez à vous féliciter lorsque vous avez passé une étape difficile.

Êtes-vous prêt au bonheur ?

Pour avoir le droit au bonheur, il faut avant toute chose avoir l'état d'esprit adéquat, ce n'est pas une question de chance. Avez-vous les bons réflexes ? Pour le savoir, répondez par oui ou par non à chacune des affirmations suivantes :

Affirmations

Oui	Non	Quand vous rencontrez des gens à qui tout réussit, vous vous sentez vraiment heureux pour eux.
Oui	Non	Le manque d'argent ne vous empêche pas de réaliser ce que vous désirez vraiment.
Oui	Non	Vous obtenez une promotion. Vous êtes très excité à l'idée d'annoncer cette bonne nouvelle à votre entourage et à vos collègues.
Oui	Non	Vous êtes du genre à féliciter les gens sans arrière-pensée lorsqu'ils réussissent quelque chose.
Oui	Non	Le fait de travailler pour vos propres objectifs suffit à vous satisfaire.
Oui	Non	Une invitation de dernière minute. Vous l'acceptez toujours si vous n'avez pas d'autres sorties prévues.
Oui	Non	À chaque rentrée, vous vous renseignez dans votre quartier pour connaître les nouvelles activités de loisirs proposées.
Oui	Non	Vous aimeriez voyager davantage. Mais vous patientez très bien en palliant votre soif de découverte par la lecture.
Oui	Non	Si une chose vous irrite, vous en parlez immédiatement sans pour autant vous révolter.
Oui	Non	Vous êtes du genre à entamer une conversation avec votre voisin de pallier même si c'est juste pour parler de la pluie et du beau temps.
Oui	Non	Vous n'avez pas obtenu ce poste mais vous avez fait circuler votre CV.
Oui	Non	Vous vous investissez dans des actions humanitaires.
Oui	Non	Vous n'êtes pas du genre à attendre la retraite pour réaliser vos rêves.
Oui	Non	Vous vous accordez une demi-journée par mois pour vous occuper de votre apparence : shopping, coiffeur...
Oui	Non	Vous prenez le temps de voir vos amis en semaine après le travail.

Pour connaître le résultat de votre autoévaluation, reportez-vous à la page 266.

L'essentiel

Positiver et s'épanouir, c'est voir la vie du bon côté, garder à l'esprit ses succès et améliorer son rapport aux autres, c'est aussi rire et faire preuve d'enthousiasme pour véhiculer des émotions joyeuses et réussir à se sentir chaque jour un peu plus heureux.

Prendre conscience de ses réussites pour positiver
Tracer ses lignes de vies professionnelle et personnelle pour ouvrir les yeux sur tout le chemin parcouru. Récolter le fruit de ses efforts en valorisant ses succès.

Mettre à profit son optimisme
Mobiliser ses ressources pour voir le bon côté des choses dans sa vie de tous les jours. Entretenir son optimisme pour engranger de nouvelles réussites.

S'ouvrir aux autres
S'intéresser à son entourage pour enrichir ses échanges et pouvoir être en phase avec ses collègues, ses amis et sa famille.

Faire place au rire
Se convaincre que le rire est bénéfique, même en milieu professionnel. Oser l'humour pour, notamment, créer des liens ou désamorcer les conflits.

Avoir confiance en sa capacité à être heureux
Établir sa propre définition du bonheur et piocher dans ses réalisations, ses relations et ses attitudes pour vivre ce bonheur au quotidien.

Corrigés des exercices et résultats des autoévaluations

p. 21 Avez-vous un bureau organisé ?

→ ***Si vous avez une majorité de « faux » :*** vous avez encore une grande marge de manœuvre. D'une part, parce que votre organisation de départ n'est pas optimale et ensuite, parce que vous n'avez pas encore tenu compte des conseils proposés. Relisez la section et passez à l'action !Vous verrez qu'en faisant physiquement le tri dans votre espace, vous ferez le tri dans votre esprit !

→***Si vous avez une majorité de « vrai » :*** votre bureau est déjà bien organisé mais vous pouvez encore faire mieux ! En poursuivant votre lecture, vous allez découvrir comment contrôler les déplacements et transits dans votre espace ou bien encore comment organiser vos fichiers informatiques. Gardez le cap !

p. 33 Savez-vous organiser vos fichiers informatiques ?

Comptez 2 points par réponse « vrai » et 0 point par réponse « faux ».

→***Si vous avez moins de 10 points :*** vous avez encore des progrès à faire ! Vous avez certainement une organisation qui vous convient, mais ne pensez-vous pas pouvoir l'améliorer ? Relisez donc la section pour faire le point sur les méthodes et les outils possibles.

→***Si vous avez plus de 10 points :*** il semble que vous soyez déjà quelqu'un d'organisé en termes de classement informatique. Ou peut-être avez-vous mis en pratique rapidement les conseils proposés dans la section. Quelles qu'en soient les raisons, continuez ainsi, vous êtes sur la bonne voie !

p. 42 Êtes-vous prêt à améliorer votre organisation ?

→***Si vous avez une majorité de « non » :*** êtes-vous sûr de vouloir changer ? Et si oui, que craignez-vous encore ? Rassurez-vous, vous n'aurez pas à modifier complètement l'organisation que vous avez mise en place au fil de votre expérience. Cet ouvrage va vous donner des conseils, vous présenter de nouveaux outils et méthodes que vous allez pouvoir adapter à vos pratiques. Aussi, ne craignez rien, relisez ce chapitre pour consolider les bases de votre organisation avant de passer à la suite.

→***Si vous avez une majorité de « oui » :*** vous êtes tout à fait prêt à poursuivre la lecture de cet ouvrage. Vous savez que vous allez devoir vous initier à des méthodes et outils nouveaux et ne craignez pas le changement. Vous êtes sur le bon chemin, poursuivez ainsi !

p. 53 Savez-vous quelle est votre capacité de concentration ?

Comptez 2 points par réponse « vrai » et 0 point par réponse « faux ».

→***Si votre score est inférieur à 8 points :*** vous n'êtes pas au maximum de vos capacités, c'est évident. Peut-être êtes vous trop dispersé, stressé, anxieux... Relisez cette section pour prendre conscience de l'intérêt d'améliorer votre concentration. Sans cela, vous ne pourrez optimiser tout à fait votre organisation.

→***Si votre score est compris entre 8 et 16 points :*** vous savez vous concentrer lorsque cela est véritablement indispensable. Mais vous pouvez faire mieux et apprendre à focaliser toute votre attention sur chacune des tâches qui le méritent. Pour ce faire, tenez compte de votre rythme de concentration et profitez de ces instants pour vous exercer à vous concentrer sur des tâches qui vous intéressent vraiment avant de vous tourner vers des activités qui éveillent un peu moins votre curiosité.

→***Si votre score est égal ou supérieur à 16 points :*** vous n'avez aucun problème de concentration, comme les marins qui, seuls en mer, s'endorment sur commande. Poursuivez votre lecture pour découvrir les autres méthodes et outils qui vous aideront à optimiser votre organisation.

p. 62 Savez-vous créer votre base de décision ?

1. Vrai. C'est un concept inventé dans les années 1970 par Klaus Mölher.

2. Vrai. Le décideur répondait au concept du « tout en un ».

3. Faux. Il vaut mieux procéder en 3 étapes pour lister les cathédrales, les missions clés et les activités.

4. Faux. Vous pouvez aussi utiliser un logiciel informatique comme Outlook ou Notes.

5. Vrai. Car pour qu'un classement soit véritablement efficace, il doit devenir un réflexe. Or, acquérir un réflexe, c'est répéter un geste ou un mode de pensée jusqu'à l'automatisme.

6. Vrai. Il est indispensable d'avoir une vision à la journée, à la semaine et au mois pour formaliser son décideur et améliorer son organisation.

7. Faux. Elle ne sera pas d'une grande utilité si vous ne la couplez pas avec un agenda. Sinon comment discerner l'urgent de l'important ?

8. Vrai. En effet, la vision sur un an ou un mois permet de prendre de grandes décisions, mais comment faire des choix au quotidien si vous n'avez pas de vision à la semaine et à la journée ? L'une et l'autre sont indispensables.

9. Vrai. Cela vous permettra d'indiquer les tâches à effectuer, les personnes concernées à contacter, les degrés de priorité, les échéances et les moyens.

10. Vrai. Cela permet de rassembler un maximum d'informations en un coup d'œil même si cela ne remplace pas la base de décision.

11. Faux. Le pied de pilote est le temps que vous estimez nécessaire entre deux rendez-vous, réunions ou activités pour vous déplacer, voire prendre une pause, préparer l'événement qui s'annonce ou vous mettre en condition de concentration.

p. 74 Utilisez-vous les bons outils au quotidien ?

→ Si vous avez une majorité de « faux » : vous n'avez sans doute pas encore utilisé, ou tout au moins testé, une partie des outils fournis. Peut-être devriez-vous relire ce chapitre pour revoir les propositions et les tester. En effet, comment savoir si elles fonctionnent si vous ne les essayez pas ? D'autant que la majorité des outils est personnalisable !

→ ***Si vous avez une majorité de « vrai » :*** vous vous êtes familiarisé avec la plupart des outils proposés dans ce chapitre et devez déjà observer de nettes améliorations dans votre organisation. Poursuivez vos efforts, ils seront récompensés.

p. 93 Pouvez-vous rapidement détecter des informations particulières dans un texte ?

Aller à la pêche à la crevette. Un bain de soleil.
Faire du pédalo. Il y a des moutons sur la mer.
Une bouée de sauvetage. Une plage privée.
Des abricotiers en fleur. Un fort vent de sable.
N'allez pas trop loin ! Gare aux lames de fond.

Le thème principal est « le bord de mer ».
L'intrus est « Des abricotiers en fleur ».

Insuffisance des installations sportives.
Délégué à la Jeunesse et aux Sports.
Un match de volley-ball. Question chirurgicale.
Premier slalom géant de la saison.
Les Jeux olympiques. Au stade municipal.
Le Tour de France. La piste de bobsleigh.

Le thème principal est « le monde du sport ».
L'intrus est « Question chirurgicale ».

Esquimaux à la vanille. Les Oiseaux de Hitchcock.
Festival du film fantastique. Sortie de secours.
Cinéma d'art et d'essai. Un cinéma de quartier ouvert.
Le septième art. Le travail c'est la santé. Les toilettes.
Un pourboire pour l'ouvreuse. Festival de Cannes.

Le thème principal est « le monde du cinéma ».
L'intrus est « Le travail c'est la santé ».

Apprendre à lire et à écrire. Mon premier livre de calcul.
Sur le tableau noir. La maîtresse lit la dictée à voix haute.
La méthode globale. Consulter une cartomancienne.
Renverser l'encre sur son tablier. Une page d'écriture.
La cour de récréation. Épeler l'alphabet à haute voix.

Le thème principal est « l'école ».
L'intrus est « Consulter une cartomancienne ».

Préparer un court-bouillon. Le ris de veau financière.
Le faisan sur canapé. Servez chaud. Buvez froid.
Le turbot sauce hollandaise. Spécialité d'escargots.
Le canard à l'orange. Une salade chinoise avec soja.
Bayer aux corneilles. Un bon steak haché et des frites.

Le thème principal est « faire la cuisine ».
L'intrus est « Bayer aux corneilles ».

La statue de la Liberté. Manhattan. Sur la côte Est.
Le pont de Brooklyn. Illuminations à Broadway.
Baisse au Stock Exchange. Le plus haut gratte-ciel.
Au palais des Nations unies. Émeutes à Harlem.
Greenwich Village. Nous irons tous à Acapulco.

Le thème principal est « la ville de New York ».
L'intrus est « Nous irons tous à Acapulco ».

p. 105 Savez-vous évaluer l'utilité d'une réunion ?

Dans les cas suivants, dois-je – ou non – organiser une réunion ?

1 oui ; 2 non ; 3 oui ; 4 oui ; 5 non ; 6 non ; 7 oui ; 8 oui.

p. 118 Êtes-vous un bon animateur ?

Faites le point sur vos habitudes lorsque vous organisez une réunion.

→ ***Questions 1, 3, 4, 6, 8 :*** Si vous avez moins de 5 « oui », c'est sur l'organisation matérielle et la méthode que vous avez des progrès à faire.

→ ***Questions 2, 5, 7, 9, 10 :*** Si vous avez moins de 5 « oui », c'est sur la dynamique relationnelle et interpersonnelle que vous avez des progrès à faire.

p. 125 Connaissez-vous votre style de décision ?

Dans le tableau ci-après, reportez en face de chacun des numéros de question la note que vous vous êtes attribué en ignorant totalement la note 3, c'est-à-dire que vous ne devez reporter que les notes 5, 4, 2 et 1, puis faites le total verticalement.

Vous devez normalement, si vous avez été discriminant, vous retrouver avec un seul total dominant (ou deux au maximum).

Question n°	Note	Question n°	Note	Question n°	Note	Question n°	Note
4		3		8		9	
7		5		10		6	
11		12		2		1	
Total		Total		Total		Total	
Style	D		E		C		A

Ce total (ou ces deux totaux) indique votre style dominant :

→ ***D pour directif :*** vous appréciez avant tout l'efficacité, la rapidité et la liberté de choix. Vous êtes orienté « Pensée » et prenez donc d'abord vos décisions de façon logique, mais vous êtes aussi orienté « Intuition » et misez donc sur votre perception de la situation.

→ ***E pour expansif :*** vous appréciez avant tout la communication, le contact et la liberté d'agir. Vous êtes orienté « Intuition » mais aussi « Sentiment », vous prenez donc vos décisions en vous souciant de leur impact sur vous et sur les autres.

→ ***C pour consensuel :*** vous appréciez avant tout la sécurité et vous recherchez un environnement harmonieux. Vous êtes orienté « Sentiment » mais aussi « Sensation », vous prenez donc vos décisions en vous appuyant sur des données concrètes.

→ ***A pour analytique :*** vous appréciez avant tout la compétence, la précision et la logique. Vous êtes à la fois orienté « Pensée » et « Sensation ». Vous prenez vos décisions en analysant minutieusement les faits et les chiffres.

p. 137 Savez-vous décider seul au mieux des intérêts de tous ?

→ ***Si vous n'avez aucune réponse de type « Je dois m'améliorer » :*** bravo ! Ces douze propositions sont indispensables à une prise de décision pertinente. Et vous êtes solidement armé pour réussir dans ce domaine.

→ ***Si vous avez 3 réponses de type « Je dois m'améliorer » ou moins :*** c'est bien. Mais passez un moment pour définir les moyens de progresser davantage.

→ ***Si vous avez de 4 à 6 réponses de type « Je dois m'améliorer »,*** comprenez les raisons de ces manques et mettez-vous au travail pour y remédier. C'est urgent !

p. 145 Jugez de votre capacité à être bref

Si vous voulez convaincre, ne culpabilisez pas l'auditoire en lui adressant des reproches. Au contraire, listez tous les avantages d'une formation à la créativité (voir les choses autrement, rendre le travail plus intéressant, se différencier) et montrez concrètement les intérêts pour les personnes dans leur travail (gagner du temps, se faire plaisir, éviter la routine, surprendre les clients).

p. 155 Entraînez-vous à négocier en utilisant la méthode des 3 C

Cette étude de cas doit vous aider à comprendre l'importance de la consultation en même temps que l'exercice sain d'une autorité d'engagement sur des objectifs.

Manifestement, Vincent n'a pas bien consulté lors de la mise en place de cette délégation. Voici une liste indicative de questions qu'il devrait poser dans la phase de questionnement :

→ Comment se sont passées les premières réunions ?

→ Comment l'équipe a réagi ?

→ Qu'est-ce qui a amené Philippe à interrompre les réunions ?

→ En a-t-il parlé avec l'équipe ?

→ Quelle analyse fait-il du problème ?

→ Que compte-t-il faire maintenant ?

→ Les objectifs ont-ils été atteints ?

→ Comment se fait-il que Philippe n'ait pas abordé la question avec Vincent ?

En mettant l'accent sur la consultation, Vincent devrait normalement découvrir la raison sous-jacente pour laquelle Philippe souhaite voir ces réunions s'interrompre : est-ce parce qu'il les trouve inutiles ? Est-ce parce qu'il ne se sent pas légitime ? Est-ce parce qu'il est mal à l'aise dans la conduite de réunion ? etc.

Après avoir reformulé et géré les réponses, la situation devrait être bien « purgée ». Vincent doit faire clairement état de son objectif dans la phase de confrontation (remettre en place les réunions) en évitant reproches et critiques. Il doit aider Philippe à trouver une solution. Par exemple, l'aider à préparer chaque réunion, l'inscrire à une formation à la conduite de réunion, participer lui-même à la relance de la première réunion de septembre, faire des débriefings après chaque réunion (phases de proposition et de discussion)...

Vincent doit redonner confiance à Philippe et offrir un « service » de meilleure qualité en matière de suivi de la délégation. En même temps, il doit veiller à ce que Philippe s'engage plus clairement et exprime ses problèmes/doutes avec plus de transparence (bilan).

p. 163 Test d'efficacité

La plupart des personnes se laissent piéger par ce test amusant et la moitié de celles qui le réussissent l'avait fait auparavant. C'est dire que le réflexe de précipitation dans l'action est bien ancré. Et la tentation de répondre à toutes les questions est plus grande que celle de respecter le deuxième point : « Lisez tout avant de commencer. » Or, le point 22 simplifie la tâche, puisqu'il suffit de noter son nom en haut et à droite et de retourner la feuille !

p. 172 Savez-vous anticiper les événements de votre vie professionnelle ?

1. Faux. Mieux vous programmerez vos journées et plus vous limiterez ce que vous considérez comme des imprévus.

2. Vrai. Pensez dès maintenant à faire une liste de tous les événements dont vous pouvez fixer une date et un horaire.

3. Faux. Vous ne pouvez éviter tous les événements de dernière minute, certains étant tout à fait indépendants de votre volonté. Néanmoins, l'organisation permet d'y faire face de façon sereine.

4. Vrai. Cet horizon dépend des individus et peut aller de quelques heures à des années, voire toute votre vie.

5. Vrai. Il suffit pour cela d'aller discuter de la programmation des réunions avec vos collaborateurs et supérieurs qui peuvent avoir oublié de vous prévenir de certains événements.

6. Faux. Cela permet de vivre plus sereinement les nouvelles journées, semaines ou mois. En quelques minutes, vous pouvez faire le plan des périodes qui s'annoncent pour prévoir les événements majeurs.

7. Vrai. Cela vous permet de procéder par ordre, sans perte de temps et sans céder aux urgences.

8. Vrai. Toutefois, votre travail n'est pas indépendant de celui de vos collaborateurs. Vous partagez certainement des missions et avez donc besoin de les synchroniser avec votre emploi du temps. Cela est même indispensable pour limiter les imprévus.

9. Faux. Cela dépend de vos missions, de vos responsabilités, de vos objectifs, ainsi que de vos collaborateurs. Aussi, veillez à revoir votre code régulièrement si vous voulez réussir à faire face aux imprévus en toute sérénité.

p. 183 En tant que responsable hiérarchique, passez-vous suffisamment de temps...

Malgré la subjectivité de la question, considérez que si vous avez 6 réponses positives, votre projection dans l'avenir est déjà correcte. En dessous de 5, prenez le temps de revenir sur ces points pour prévenir plutôt que guérir.

p. 195 Êtes-vous prêt pour la délégation ?

→ ***Si vous avez moins de 6 « oui » :*** il y a sans doute des préalables à mener pour pouvoir déléguer certaines tâches. Par exemple, menez l'analyse fine des activités et des compétences dont dispose votre équipe, ou encore définissez des objectifs pour chaque personne. Par ailleurs, il vous faut peut-être progresser sur vos pratiques de management (animation d'équipe, fixation d'objectifs, relations interpersonnelles...) et responsabiliser davantage vos collaborateurs avant de leur confier en toute autonomie des délégations.

→ ***Si vous avez entre 6 et 9 « oui » :*** vous pouvez commencer à déléguer, mais en ciblant bien quelques tâches et quelques individus. Cette délégation ciblée vous permettra ensuite de mettre en place des modalités claires de suivi (tableau de bord de la délégation, points réguliers de contrôle et d'accompagnement, mesure des résultats obtenus...) et de nouvelles répartitions de fonction au sein de votre équipe, de former ou soutenir les moins compétents ou motivés et enfin d'élargir le cas échéant les délégations.

→ ***Si vous avez plus de 9 « oui » :*** vous avez sans doute déjà mis en place des délégations, de façon officielle ou non. Il s'agit maintenant d'en tirer tous les avantages possibles (gain de temps, responsabilisation, montée en compétence du délégataire, optimisation des résultats obtenus dans le cadre de la délégation, simplification du pilotage de votre entité...) et de vous consacrer à votre propre progression.

p. 203 Quelle place accordez-vous à votre travail ?

→ ***Vous obtenez plus de 7 « oui » :*** vous êtes accro au boulot. Pour vous, c'est le seul moyen de vous réaliser et de vous épanouir. Pourtant, vous seriez sans doute encore plus épanoui si vous appreniez à investir d'autres sphères que le domaine professionnel car rappelez-vous que chaque sphère de votre vie agit par ricochet sur les autres. Essayez d'accorder plus d'importance à vos relations familiales, amicales et sociales, ainsi qu'à vos loisirs.

→ ***Vous obtenez entre 4 et 6 « oui » :*** vous parvenez à trouver un équilibre entre votre travail et vos autres centres d'intérêts. Même si votre travail occupe une place importante dans votre vie, il n'est pas tout.

Reste à savoir si le partage actuel de vos activités vous convient. L'idéal est en effet de trouver un équilibre entre ces quatre sphères : travail, loisirs, famille et vie sociale.

→ ***Vous obtenez moins de 4 « oui » :*** votre travail n'est sans doute qu'un moyen pour payer vos factures et financer les activités qui vous passionnent, c'est-à-dire un « travail alimentaire ». À vous de savoir néanmoins si cette répartition vous convient ou s'il est préférable de trouver un autre poste plus intéressant au quotidien... Pour cela, faites le point sur vos valeurs, vos convictions, vos besoins et vos sources de motivation. Et essayez de trouver un emploi qui colle à vos aspirations. Avec un poste qui vous plaît davantage, vous serez sûrement encore plus épanoui.

p. 213 Savez-vous « segmenter » vos vies ?

Faites les comptes : entourez vos réponses et comptez le nombre de triangles, de carrés et de ronds obtenus.

	a	b	c
1	○	□	△
2	○	△	□
3	△	□	○
4	○	□	△
5	□	△	○

→ ***Vous avez une majorité de △ :*** vous savez séparer votre vie professionnelle de votre vie privée. Tout en acceptant quelques incursions de l'une sur l'autre de temps en temps.

→ ***Vous avez une majorité de □ :*** votre activité professionnelle ne risque pas de déborder sur votre vie privée que vous protégez jalousement. Reste toutefois à identifier le degré d'intérêt que vous portez à votre travail.

→ ***Vous avez une majorité de ○ :*** vous avez beaucoup de mal à ne pas vous laisser envahir par votre travail. Pourtant, en apprenant à mieux segmenter vos vies, vous gagnerez en sérénité.

p. 221 Autodiagnostic de vos symptômes de stress

Il n'y a pas de corrigé type.

→ Ce qui est important pour vous, c'est de regarder l'ensemble de vos réponses, qu'elles fassent apparaître des symptômes d'ordre psychologique (attitudes négatives, repli sur soi...) ou physique (mal de dos, constipation...), en comprenant bien que les causes sont les mêmes (des niveaux de stress trop élevé...).

→ Il ne s'agit pas pour vous de traiter les symptômes en question, qui ne sont que des signaux d'alerte, mais de remonter aux causes décrites et de vous attacher à réduire ces causes afin de limiter le stress qu'elles génèrent habituellement. Le traitement des symptômes n'intervient qu'en dernier recours.

p. 233 Savez-vous développer des recettes anti-stress ?

Additionnez vos points.

→ ***Si votre score est supérieur à 70 points :*** vous savez bien utiliser les recettes anti-stress. Continuez. Regardez quand même si vous pratiquez déjà les recettes 2 ou 4. Ce sont peut-être de bonnes recettes que vous négligez.

→ ***Si votre score se situe entre 30 et 69 points :*** veillez à utiliser plus systématiquement les recettes anti-stress. Soyez particulièrement attentif à la recette 2.

→ ***Si votre score est inférieur à 30 points :*** la situation est grave. Choisissez la recette anti-stress qui vous paraît la plus simple à appliquer tout de suite. Puis agissez sur vos autres points faibles en suivant tous les conseils de ce chapitre.

p. 241 Savez-vous penser positif ?

→ ***Vous obtenez un maximum de ● :*** prudent, vous n'êtes pas toujours de caractère optimiste. Vous préférez prévoir les obstacles éventuels qui vous empêchent de réaliser vos projets. Essayez d'avoir plus confiance en vous. Concentrez davantage votre énergie à vous programmer un esprit positif pour aller de l'avant.

→ ***Vous obtenez un maximum de ✗ :*** bien qu'optimiste, vous avez néanmoins les pieds sur terre. Vous connaissez bien vos atouts et vos faiblesses et vous ne vous lancez pas tête baissée dans de nouveaux défis sans avoir bien évalué vos moyens. Vous avez une bonne attitude. Mais peut-être qu'une légère prise de risque de temps en temps vous permettrait d'ajouter un peu de piment dans votre vie.

→ ***Vous obtenez un maximum de ✓ :*** plus qu'optimiste, vous avez tendance à prendre vos rêves pour la réalité. Vous aimez faire plein de projets, quitte à n'en réaliser qu'une partie. Ayant l'esprit très créatif, vous débordez d'idées. Votre quotidien est donc loin d'être monotone. Essayez toutefois de mieux canaliser vos projets pour augmenter vos chances de les réaliser.

p. 252 Êtes-vous prêt au bonheur ?

→ Vous obtenez une majorité de oui : le bonheur frappe à votre porte ! Tout le monde mérite d'être heureux, y compris vous ! Vous ne considérez pas les autres comme des ennemis à combattre. Au contraire, vous avez généralement une attitude bienveillante. Et ils vous le rendent bien. Vous connaissant bien, vos objectifs sont clairs et vous avancez en croquant la vie à pleines dents. Même si vous êtes conscient de vos limites, vous essayez de vivre les embûches avec philosophie.

→ Vous obtenez une majorité de non : souvent hésitant sur ce que vous voulez vraiment, vous avez beaucoup de difficultés à vous fixer des objectifs précis. De plus, vous avez tendance à culpabiliser lorsque vous passez un bon moment. Quitte à saboter votre plaisir en focalisant sur les détails qui ne vous satisfont pas. Car vous êtes persuadé que d'autres méritent davantage d'être heureux que vous. Essayez alors d'enrayer cette spirale dans laquelle vous vous enfermez. Ouvrez vos yeux et votre cœur... Le bonheur n'est pas inné mais se cultive tous les jours.

BRÉVIAIRE

Se faire une idée de la notion du temps

- ✗ *Que de temps perdu à gagner du temps !*
  Paul Morand (écrivain, diplomate et académicien français)
- ✗ *Le temps de la réflexion est une économie de temps.*
  Publius Syrus (poète latin)
- ✗ *Ne laissez jamais le temps au temps. Il en profite.*
  Jean Amadou (humoriste français)
- ✗ *Le temps découvre les secrets ; le temps fait naître les occasions ; le temps confirme les bons conseils.*
  Jacques-Bénigne Bossuet (prélat, prédicateur et écrivain français)
- ✗ *Le temps est un phénomène de perspectives.*
  Jean Cocteau (poète français)
- ✗ *On n'a jamais le temps de bien faire mais toujours le temps pour refaire.*
  Walter Roland (musicien américain)
- ✗ *Le temps n'est temps que parce qu'il passe.*
  Hubert Nyssen (écrivain et éditeur français d'origine belge)
- ✗ *Mieux vaut perdre sa montre que de perdre son temps.*
  Jean Brassard (chanteur français)

Donner du sens à la lecture

- ✗ *Lire, c'est toujours interpréter.*
  Henry Miller (écrivain et peintre américain)
- ✗ *Lire beaucoup, ça donne un meilleur jugement.*
  Jean-Marie Poupart (écrivain québécois)
- ✗ *Il ne s'agit pas de beaucoup lire, mais de bien lire.*
  Aristippe de Cyrène (philosophe grec)
- ✗ *Lire, c'est vivre en pleine lumière.*
  Michel de Saint-Denis (acteur, metteur en scène français)

- ✗ *L'art de lire consiste à savoir sauter les pages.*
  Philip Hamerton (auteur et critique d'art anglais)
- ✗ *Lire, c'est déchiffrer la contradiction.*
  Jean-Michel Wyl (écrivain québécois)

Se faire une idée des avantages et inconvénients de la réunion

- ✗ *Réunion. L'administration française adore ça. Certains fonctionnaires poussent même le raffinement jusqu'à organiser des réunions pour fixer la date des prochaines.*
  Jacques Mailhot (chansonnier et journaliste français)
- ✗ *Une réunion est d'autant plus longue que l'ordre du jour est plus creux.*
  Roger Martin (écrivain et homme politique français)
- ✗ *Les rédacteurs en chef des journaux actuels n'ont pas le temps de lire les journaux ; ils passent leurs journées en réunions avec d'autres rédacteurs à essayer de savoir quoi faire avec Internet.*
  Dave Barry (auteur américain)
- ✗ *Une conférence est une réunion au cours de laquelle une quinzaine de personnes parlent des heures durant des choses qu'elles devraient être en train de faire.*
  Jean Delacour (auteur humoristique français)
- ✗ *Quand, dans une réunion, un homme ne dit rien alors que tout le monde parle, on n'entend plus que lui.*
  Raymond Devos (humoriste français)

Éclairer la prise de décision

- ✗ *On ne décide pas bien tout seul.*
  Daniel Jouve (consultant en ressources humaines français)
- ✗ *Il est bien plus naturel à la peur de consulter que de décider.*
  Cardinal de Retz (homme d'État et mémorialiste français)
- ✗ *Quoi qu'on fasse ou décide, on se trompe toujours.*
  Gilles Archambault (romancier québécois)
- ✗ *Il faut se décider, agir et se taire.*
  Benjamin Constant (homme politique et écrivain franco-suisse)

- *À l'instant où l'esclave décide qu'il ne sera plus esclave, ses chaînes tombent.*
  Gandhi (homme politique et philosophe indien)

Se familiariser avec les subtilités de la négociation

- *Ne négocions jamais avec nos peurs. Mais n'ayons jamais peur de négocier.*
  John Fitzgerald Kennedy (35e président des États-Unis)
- *Il faut des négociations et un travail collectif pour trouver l'équilibre réaliste des intérêts sur lequel seulement peut se fonder une paix solide.*
  Mikhaïl Gorbatchev (président de l'URSS entre 1985 et 1991)
- *Il n'est jamais facile de négocier avec des gens qui se savent dans leur tort.*
  André Frossard (journaliste, essayiste et académicien français)
- *Ce qui fait que l'on est souvent mécontent de ceux qui négocient est qu'ils abandonnent presque toujours l'intérêt de leurs amis pour l'intérêt du succès de la négociation, qui devient le leur, par l'honneur d'avoir réussi ce qu'ils avaient entrepris.*
  La Rochefoucauld (écrivain, moraliste et mémorialiste français)

Dédramatiser le stress

- *La réalité est la cause principale du stress – pour ceux qui la vivent.*
  Jane wagner (dramaturge et actrice américaine)
- *Les hommes pratiquent le stress comme si c'était un sport.*
  Madeleine Ferron (écrivaine québécoise)
- *En période de stress, les femmes parlent sans réfléchir. Les hommes, eux, agissent sans réfléchir.*
  Allan Pease (psychologue australien)
- *Un cadre surchargé de travail et stressé est le meilleur cadre qui soit car il ou elle n'a pas le temps de se mêler de tout, de s'embarrasser de petites choses, ni d'ennuyer les gens.*
  Jack Welch (homme d'affaires américain)

Dans la même collection

- Affirmez-vous au quotidien
- Auto-entrepreneur : 99 pistes de business
- Boostez votre créativité
- Boulot-vie privée : équilibrez vos vies
- Comment manager votre manager ?
- Décidez d'être heureux au bureau
- Décidez vite, décidez bien
- Décryptez les types de personnalités avec le MBTI® et le CCTI®
- Déléguez en toute sérénité
- Développez votre confiance en vous
- Dynamisez vos réunions
- Évaluez vos collaborateurs pour bien manager
- Faites rebondir votre carrière
- Fédérez votre équipe avec succès
- Gérez les personnalités toxiques
- Gérez votre temps... pour en gagner !
- La bible du manager
- La bible pour bien communiquer
- La bible pour bien gérer son temps
- La bible pour bien négocier
- La bible pour bien travailler avec les autres
- La bible pour gérer les conflits
- Libérez vos talents de manager
- Lisez vite, lisez mieux
- Managez à distance
- Managez avec humour
- Managez des personnalités difficiles
- Managez en restant vous-même

- Managez un projet avec succès
- Mieux communiquer avec la PNL
- Mieux vivre avec votre stress
- Motivez pour gagner
- Musclez votre mémoire
- Optimisez vos relations aux autres
- Optimisez votre organisation
- Positivez vos émotions au travail
- Réorientez votre carrière
- Réseautez sans complexe
- Réussissez dans vos nouvelles fonctions
- Réussissez toutes vos négociations
- Réussissez vos premiers pas de manager
- Réussissez vos prises de parole
- Réussissez votre business sur le web
- Réussissez votre création d'entreprise
- Savoir se vendre
- Sept minutes pour convaincre
- Small Talk : tirez profit des conversations informelles
- Toute la finance pour les non-financiers
- Toutes les clés d'un business plan réussi
- Toutes les clés d'une stratégie gagnante
- Toutes les clés du savoir-vivre au bureau
- Toutes les clés pour être écolo au bureau
- Toutes les clés pour réussir son plan marketing
- Toutes les techniques de questionnement et d'écoute active
- Zéro faute à l'écrit comme à l'oral